D0711380

William Walker Atkinson

El secreto del éxito

Si este libro le ha interesado y desea que lo mantengamos informado de nuestras publicaciones, escríbanos indicándonos qué temas son de su interés (Astrología, Autoayuda, Ciencias Ocultas, Artes Marciales, Naturismo, Espiritualidad, Tradición...) y gustosamente lo complaceremos.

Puede contactar con nosotros en
comunicación@editorialsirio.com

Título original: The Secret of Success
Traducido del inglés por Editorial Sirio
Diseño de portada: Editorial Sirio, S.A.

EDITORIAL SIRIO, S.A.
C/ Panaderos, 14
29005-Málaga
España

EDITORIAL SIRIO
Nirvana Libros S.A. de C.V.
Camino a Minas, 501
Bodega nº 8 , Col. Arvide
Del.: Alvaro Obregón
México D.F., 01280

ED. SIRIO ARGENTINA
C/ Paracas 59
1275- Capital Federal
Buenos Aires
(Argentina)

www.editorialsirio.com
E-Mail: sirio@editorialsirio.com

I.S.B.N.: 978-84-7808-621-4
Depósito Legal: B-14.752-2009

Impreso en los talleres gráficos de Romanya/Valls
Verdaguer 1, 08786-Capellades (Barcelona)

Printed in Spain

Al ponerme a escribir este librito, que titulo *El Secreto del éxito*, no puedo impedir que me asalten las dudas. No es que no le tenga simpatía al tema, ni tampoco que no crea que existe un «secreto del éxito», sino que más bien es porque ya se ha escrito demasiado acerca del éxito. Son tantos los que han hablado de esto que uno teme adoptar una posición en la que puedan considerarlo como maestro del éxito. Es mucho más fácil decir las cosas que hacerlas. Es más fácil llenar páginas y páginas con buenos consejos y dedicarse a formular un código de preceptos, que salir al campo del comportamiento real y poner en práctica esos mismos preceptos. Ya podéis imaginar por qué me asaltan las dudas al asumir un papel que deja la puerta abierta a que se me considere un maestro del éxito de los de «haz lo que te digo y no lo que yo hago».

Pero esta cuestión tiene otra faceta. Aparte del mero recital de la lista de buenas cualidades que llevan al éxito –lista que todo escolar y todo lector de libros de autoayuda conoce perfectamente– hay algo más, y ese algo más sugiere que el buscador del éxito posee algo en su interior que si lo traduce en acción tendrá para él un valor incalculable. Y este es el verdadero secreto del éxito, que no tiene nada que ver con una lista de normas a seguir. Por ello me propongo dedicar este librito a desarrollar mi idea de qué es ese algo que tenemos en nuestro interior y qué logrará aquél que lo desarrolle y consiga expresarlo en actos. Así, no esperes encontrar aquí «un compendio completo de reglas que te llevarán al éxito, aprobadas y formuladas por aquellos que han tenido éxito y que lo lograron sólo tras aplicar dichas reglas por lo que se sienten inclinados a pasarlas a otros». Este libro no es de ese tipo, sino muy diferente. Espero que os guste, de cualquier forma siempre os hará bien.

Todos nos esforzamos buscando el éxito. La idea que cada uno posee del éxito puede no ser la misma, pero todos estamos de acuerdo en nuestro deseo de lograrlo. «Lograrlo» es la palabra que encarna la esencia de eso que llamamos éxito. Es «alcanzarlo», «llegar», llegar a la meta que nos hemos propuesto. Ese es el asunto del éxito.

Muchos hombres y mujeres se han dedicado a señalar el camino hacia el éxito y aunque algunos han sido de gran ayuda para quienes los seguían en el sendero del logro, ninguno hasta ahora ha sido capaz de contar toda la historia acerca del éxito. Y ello no es de extrañar, porque en el camino hacia el éxito cada hombre y cada mujer, en cierta medida, dictan la ley para sí mismos. No hay dos temperamentos exactamente iguales. La naturaleza se complace en la variedad. Ninguna circunstancia es exactamente igual que otra, pues en ellas se manifiesta también la infinita variedad de la naturaleza. Por ello es tontería tratar de establecer normas de aplicación universal, normas que, sin duda estarán todas encaminadas hacia la meta del éxito. Tan sólo tenemos que mirar a nuestro alrededor y ver las necesidades particulares que tienen los distintos individuos que componen las masas, así nos daremos cuenta de lo absurdo de intentar dictar normas de aplicación universal sobre este tema. Cada hombre y cada mujer que ha tenido éxito lo ha hecho de un modo distinto, aunque generalmente siguiendo ciertas líneas comunes de acción; de hecho, lo que conocemos como particularidad o singularidad parece jugar siempre un papel importante en el éxito de la mayoría de personas que han logrado alcanzarlo. La singularidad da a quienes la poseen un buen bagaje que les permitirá no seguir férreamente ningún conjunto de reglas previamente marcadas. Por ello, debo señalar como un principio importante el hecho de que cada uno debe trabajar en busca del éxito siguiendo las líneas de su propia particularidad, en lugar de seguir ciegamente una serie de normas o de líneas de conducta marcadas por otros.

Ante lo que acabo de decir, puede parecer extraño que pensando como pienso, me haya atrevido a escribir un libro titulado «El secreto del éxito», especialmente habiendo comenzado el mismo manifestando la imposibilidad de establecer una serie de normas sobre el tema. Puede parecer paradójico, pero veréis que no lo es. Es cierto que creo que todos y cada uno deben trabajar en busca de su éxito siguiendo las líneas de su propia singularidad y particularidad, en lugar de seguir algún plan establecido por otros. Y aquí es donde reside el «secreto del éxito», en «seguir las líneas de su propia singularidad y particularidad». De esto se deduce que poseemos dicha singularidad precisamente para trabajar siguiendo sus lineamientos. Y en la medida en que tengamos esa singularidad, poseeremos el primer requisito para lograr el éxito. Y a esto es a lo que me refiero cuando hablo del «secreto del éxito»: SINGULARIDAD.

Toda persona posee una singularidad latente, pero muy pocos le permiten expresarse. La mayoría de nosotros somos como reses que caminan complacidas tras la que lleva el cencerro, cuyo sonido guía nuestros pasos. Pensamos, de alguna forma, que quien lleva el cencerro posee el conocimiento, el poder y la capacidad de pensar, y en lugar de desarrollar nuestros propios poderes aletargados, nuestras posibilidades latentes, dejamos que permanezcan en la oscuridad mientras andamos mansamente tras aquel que lleva la campana. En este sentido el ser humano se parece mucho a estos animales. Preferimos obedecer e imitar antes que asumir la responsabilidad de dirigir nuestros propios pasos. Esperamos que alguien nos guíe y luego salimos todos en estampida tras él. ¿Es de extrañar que esos líderes reclamen para sí mismos lo que consideran más sustancioso, dejando que la manada se contente con la hierba medio seca? En absoluto, pues precisamente por su singularidad e iniciativa, sus seguidores les han otorgado el privilegio de elegir. De hecho se les elige como líderes por esa cualidad de autoafirmación y asertividad. Si en lugar de ello se hubieran mostrado modestos y educados, la manada los habría hecho a un lado sin reconocerlos como líderes, yendo a buscar a otros que sepan cómo estar al frente.

En este libro tampoco trataré de despertar en ti el espíritu de «llegar a lograr eso», ni el deseo de luchar por dirigir a la manada. Más allá de cierta vanidosa autosatisfacción, no hay mucho que valga la pena en el hecho de dirigir a otros. Lo verdaderamente deseable es poseer la suficiente singularidad e iniciativa para llegar a ser tu propio «portador del cencerro», para marcar tu propia ley. Los grandes seres –los verdaderamente fuertes–

no se preocupan de la manada, que sin embargo los sigue obedientemente. Esto no les causa ninguna satisfacción, ratificando tan solo las ambiciones de las mentes inferiores. Los grandes hombres –los grandes espíritus de todos los tiempos– han obtenido más satisfacción de esa convicción interna acerca de su fuerza y capacidad que del aplauso de las masas y de la servidumbre de quienes sólo piensan en imitarlos y seguir sus pasos.

Así que, el quid de la cuestión es lo que llamamos singularidad. Todos la poseemos en nuestro interior y todos podemos desarrollarla y ponerla en acción. Esa singularidad es la expresión de nuestro Ser. Ese Ser al que nos referimos cuando decimos «yo». Cada uno de nosotros es un individuo –un «yo»– distinto a cualquier otro «yo» del universo y en la medida en que expresemos y desarrollemos los poderes de ese «yo», seremos fuertes, grandes y exitosos. Es algo que todos poseemos, pero su expresión externa depende de cada uno de nosotros. Y esa expresión externa constituye el núcleo del «secreto del éxito». Por eso he usado esta expresión y sobre esto os voy a hablar en este librito. Creo que vale la pena aprender este «Secreto».

El individuo

En el capítulo anterior dije que el «Secreto del éxito» consiste principalmente en la libre expresión de esa singularidad, del «yo», pero antes de que seas capaz de aplicar esta idea con éxito deberás descubrir y ser consciente de qué es realmente ese «yo» que hay en tu interior. A muchos de vosotros, a primera vista esto os parecerá ridículo, pero vale la pena que captéis la idea, pues con la realización del «yo» nos viene el poder.

Si tratas de tomar consciencia de ti mismo, descubrirás que eres un ser más complejo de lo que pensabas. Primeramente verás que está el «yo» que es el Ser Real, o el individuo, y que luego hay un «yo» que es algo añadido y perteneciente al «yo» primero: la personalidad. Si el «yo» primero trata de examinar al otro «yo», verá que éste consiste o está formado por tres fases o principios

(1. El cuerpo físico; 2. La energía vital y 3. La mente). Para mucha gente su cuerpo es el «yo», sin embargo un pequeño examen les mostrará que el cuerpo no es más que una cobertura material, una máquina a través de la cual el «yo» real puede manifestarse. No hace falta mucho para darse cuenta de que uno puede estar consciente del «yo» y al mismo tiempo olvidarse totalmente del cuerpo físico. De ello se deduce que el «yo» es independiente del cuerpo y que éste forma parte de ese otro «yo» secundario. El cuerpo físico está compuesto por innumerables partículas que cambian en cada momento de nuestra vida: tu cuerpo de hoy es totalmente distinto del cuerpo que tenías hace un año.

Luego tenemos el segundo principio de ese «yo» secundario: la energía vital, o lo que podemos llamar vida. Vemos que es algo independiente del cuerpo y que le da energía, pero a su vez es también transitorio y cambiante. Podemos considerarlo como algo que anima y energetiza al cuerpo. ¿De qué se sirve el «yo» para examinar y averiguar su propia naturaleza? La respuesta que automáticamente me viene a los labios es: la mente. Ella es la que me permite captar la verdad de lo que acabamos de decir, pero fijaos, al hablar de la mente he dicho ella es «la que me permite», al decir esto ¿no estoy de alguna forma afirmando que la mente es algo que el «yo» utiliza? Piensa un momento: ¿tú eres tu mente? Verás que tus estados mentales se suceden, que tus emociones cambian, que tus sentimientos difieren de un momento a otro, que tus ideas y tus pensamientos son muchas veces incoherentes y están sujetos a influencias externas o bien son moldeados y gobernados por lo que hemos llamado «yo» o tu Ser Verdadero. Es decir, debe haber algo más allá de los estados mentales, de las ideas, de los sentimientos, de los pensamientos, etc. que es superior a todos ellos y que los «conoce» al igual que conoce cualquier objeto separado de sí mismo pero que él pueda utilizar. Decimos «yo» siento, «yo» pienso, «yo» creo, «yo» sé, etc. Entonces, ¿qué es el Verdadero Ser? ¿Los estados mentales que he citado o el «yo» que es la causa real de todos los fenómenos mentales? Quien sabe no es la mente, sino el «yo» que utiliza la mente para saber. Si nunca has estudiado el tema esto puede parecer un poco abstracto, pero si piensas un poco sobre ello pronto lo verás con claridad.

No te estoy diciendo estas cosas para instruirte en metafísica, filosofía o psicología, pues ya hay muchos libros que tratan de estas materias en profundidad, ese no es el motivo de este libro. El asunto es que con la realización del «yo» o de tu Ser Verdadero te llegará una sensación de poder que te hará fuerte y se manifestará en todo cuanto hagas. Ese despertar a la realización del «yo», clara y vívidamente, te dará una sensación de ser y de poder que nunca antes tuviste. Antes de que puedas expresar tu singularidad deberás ser consciente de que eres un individuo singular y antes de ser consciente de que eres un individuo singular deberás ser consciente de ese «yo» que hay en tu interior.

El otro «yo» secundario de este es lo que llamamos personalidad, es tu apariencia externa. Tu personalidad está formada por incontables rasgos, características, hábitos, pensamientos, expresiones y emociones, pero no es más que una serie de peculiaridades y rasgos personales que tú pensaste hasta ahora que eran tu «yo» real. Pero no lo son. ¿Sabes de dónde surgió la idea de la personalidad? Te lo voy a decir. Si buscas en un buen diccionario verás que esta palabra procede del vocablo latín «persona», que era una «máscara usada antiguamente por los actores», y también de otras dos palabras: «sonare», que significa «sonido» y «per», que significa «a través de». El significado de ambas combinadas es «sonar a través», es decir, la voz del actor sonaba a través de la máscara del personaje que estaba representando. Así la personalidad no es otra cosa que el papel que representamos en el Gran Teatro de la Vida o en el Escenario del Universo. El individuo real escondido tras la máscara de la personalidad eres TÚ, el Ser Real, el Yo, esa parte de ti mismo de la cual eres consciente cuando dices «YO SOY», que es la afirmación de tu existencia y de tu poder latente. La palabra «Individuo» significa algo que no puede ser dividido, algo que no puede ser lastimado ni herido por fuerzas externas, algo REAL. Y tú eres un individuo, un Ser Verdadero, un Yo, algo enriquecido con la vida, la mente y el poder, para usarlo según tu voluntad.

Un poeta llamado Orr escribió:

Soy señor de mil mundos
y reino en ellos desde el principio de los tiempos
noche y día en cíclica alternancia
van pasando mientras observo su contenido
cuando el tiempo cesa yo descanso,
pues Yo Soy el alma del hombre

Espíritu

Para muchos de vosotros, el título de este capítulo os sugerirá que tiene algo que ver con «espíritus», «entidades desencarnadas», el «alma» o algo así a lo cual se suele aplicar el nombre de espíritus. En esta ocasión uso esta palabra en un sentido distinto. Uno de los significados de la palabra espíritu es «energía, viveza, entusiasmo, ánimo», etc. Estos significados te darán idea del sentido en el que estoy aquí usando este término.

En este caso la palabra espíritu expresa la idea de la naturaleza esencial del poder universal que se manifiesta también en el hombre como centro de su ser, su fuerza y poder esencial, de donde procede todo aquello que lo convierte en un individuo. No me estoy refiriendo a ninguna cualidad etérea, espiritual o del más allá, sino al estado de ser «animado», «con vida y con vigor». Y esa vida y ese vigor proceden del núcleo de nuestro ser, de esa zona o plano de nuestra mente y nuestra consciencia, del «YO SOY».

Este espíritu se manifiesta en grados distintos según los individuos y también entre los animales. Es una cualidad y una expresión vital elemental, fundamental y primitiva, y no depende de la cultura, el refinamiento o la educación. Su desarrollo parece depender de un reconocimiento instintivo o intuitivo de ese Algo Interior, del poder del individuo que se deriva de ese poder universal del cual todos somos una expresión. Incluso algunos animales parecen poseerlo. Hablando sobre «el adiestramiento de los animales», un conocido escritor manifestaba la conciencia instintiva que de ese espíritu poseen algunos animales: «Si ponemos dos mandriles machos en la misma jaula, veremos cómo abren la boca mostrando todos sus dientes y rugiéndose mutuamente, pero pronto veremos que uno de ellos, tal vez incluso poseyendo una mayor dentadura, ruge de un modo distinto que lo señala como inferior al otro. No hay necesidad de lucha. Y lo mismo ocurre con los grandes felinos. Si colocas dos o cuatro o una docena de leones juntos, también sin conato de lucha pronto verás que uno de ellos tiene la señal del jefe. Con lo cual él elige su comida antes que los demás, y si lo desea, el resto ni siquiera comenzará a comer hasta que él haya terminado. Es el primero que bebe el agua fresca, en resumen, es el rey de la jaula. Cuando un domador está ante un felino que actúa «raro», la actitud del animal es prácticamente la misma que la del «rey de la jaula» arriba mencionado y sería poco inteligente retar su liderazgo».

En la cita anterior su autor manifiesta claramente que no siempre es el mandril con mayores colmillos el jefe, y que tampoco «el rey león» impone su dominio necesariamente ganando una pelea. Es algo mucho más sutil que físico, pues se trata de la manifestación de un tipo de cualidad sutil en el animal. Y lo mismo ocurre con el hombre. No siempre es el más corpulento y de mayor fuerza física el que gobierna. El líder llega a serlo en razón de esa cualidad misteriosa que he llamado espíritu y que la gente a veces denomina «carisma». Cuando dos individuos entran en contacto se da entre ellos un forcejeo mental –por supuesto, sin mediar una sola palabra–, el alma sopesa a la otra mientras ambos se miran y algo sutil en cada uno de ellos conecta con el otro. Posiblemente todo ocurra en breves instantes, pero el conflicto está ya dilucidado para siempre, y cada uno de ellos sabrá si es el vencedor o el vencido. Puede no haber entre ambos ninguna sensación de antagonismo, sin embargo parece existir un reconocimiento interno por ambas partes de que uno de ellos es el líder. Y este liderazgo no depende de la fuerza física, de los logros intelectuales ni de la cultura en el sentido ordinario, sino que es la manifestación y el reconocimiento de esa cualidad sutil que he llamado espíritu.

La gente inconscientemente afirma su reconocimiento de esta cualidad en ellos y en otros mediante el uso de este vocablo. A veces oímos decir que a alguien «le falta espíritu» o que otro tiene el espíritu muy alto. Los criadores de caballos de carreras dirán que un caballo con espíritu con frecuencia gana a otro con mayores cualidades físicas, pero con menor «espíritu» o menor «clase». Los jinetes manifiestan que ese espíritu es reconocido por los otros caballos, los cuales se ven afectados y se desaniman dejándose vencer, aunque tal vez posean muchas mejores cualidades físicas. Este espíritu es una fuerza vital que en distintos grados poseen todos los seres vivos, y es algo que todos podemos desarrollar y reforzar. En el siguiente capítulo veremos algunos casos de su manifestación entre las personas.

Un ejemplo histórico de este espíritu en circunstancias aparentemente abrumadoras nos lo ofrece la entrevista ente Hugo, obispo de Lincoln y Ricardo Corazón de León, en la iglesia de Roche d'Andeli. En su deseo de continuar la guerra en Normandía, Ricardo pidió a sus barones y obispos suministros y dinero adicionales, pero Hugo se negó a darle más hombres y dinero. Manifestó que aunque la sede de Lincoln estaba legalmente obligada a suministrar hombres y dinero para el servicio militar entre los cuatro mares de Bretaña, la guerra de Normandía no ocurría en ese espacio, y de este modo desafió al rey. Ricardo, llamado Corazón de León, no era alguien a quien se pudiera desafiar sin consecuencias, así cuando llamó al obispo Hugo a Normandía, pocos dudaban del resultado. La caída del obispo era considerada un hecho. Nada más desembarcar en Normandía, dos barones amigos suyos le informaron que el rey estaba terriblemente enfadado con él, aconsejándole que le enviase algún mensaje en tono humilde y conciliador, antes de presentarse ante él. Pero el obispo se negó a hacer lo que le aconsejaban y procedió directamente al encuentro del monarca. Cuando el obispo entró Ricardo estaba asistiendo a misa. Hugo caminó hasta él y, sin hacer caso de su gesto, le dijo: «Bésame, mi señor rey». Ricardo se volvió iracundo, sin saludarlo, pero Hugo mirándolo a los ojos, y sacudiendo el hombro real vigorosamente, repitió su demanda. «No te lo mereces», rugió el rey con odio e ira. «Sí», contestó Hugo, sacudiendo todavía más el hombro real. El rey gradualmente separó su mirada y bajó los ojos ante el obispo, saludándolo y besándolo debidamente, entonces el obispo tranquilamente participó en el servicio religioso. Posteriormente Hugo desafió de nuevo al rey en el salón del consejo, persistiendo en su negación, e incluso se atrevió a recriminar al rey su infidelidad hacia la reina. Los consejeros estaban sorprendidos, pues conociendo la fiereza y el coraje del temperamento de Ricardo, esperaban ver a Hugo muerto de un momento a otro, sin embargo éste surgió victorioso en la lucha del espíritu. Dice el historiador: «Por el momento el león fue domado. El rey no reconoció nada, pero se contuvo en su pasión señalando posteriormente: 'Si todos los obispos fueran como mi señor de Lincoln, no habría príncipe que pudiera levantar su cabeza ante ellos'».

Y esta no era la primera vez en que este obispo de Lincoln había vencido a un rey. Poco tiempo después de que el rey Enrique Plantagenet lo nombrara obispo, tuvo una seria disputa con el monarca. Enrique estaba en el parque Woodstock rodeado de su corte cuando Hugo se le acercó. El rey fingió no ver al obispo. Tras unos momentos de tenso silencio, el obispo, empujando hacia un lado al poderoso noble que estaba sentado junto al rey, tomó su lugar. El rey hizo como que estaba arreglando su guante de cuero. Entonces el obispo con alegría y ligereza dijo: «Su majestad me recuerda a su primo en Falaise». Falaise era el lugar donde el duque Roberto, antecesor de Enrique, se encontró con Arlotta, hija de un curtidor, quien le dio su hijo ilegitimo que posteriormente sería conocido como Guillermo el conquistador. La atrevida alusión a su ancestro fue demasiado para el rey, que perdió su aplomo, accediendo luego a los deseos del obispo.

Pero como dice Fothergill con mucha razón: «Sería un gran error suponer que esa voluntad se muestra en toda ocasión; lejos de ello. Con frecuencia tiene tendencia a ocultarse y no es raro hallarla escondida bajo un aspecto exterior de amabilidad. Hay hombres y mujeres que presentan una apariencia de tal dulzura que parecen no tener voluntad propia y que existen simplemente para hacer lo que sea agradable a los demás. Pero espera a que llegue el momento y su voluntad latente se revela, entonces descubrimos una mano férrea bajo su guante de terciopelo, no hay que engañarse con ellos. Este es el secreto de la verdadera diplomacia. Talleyrand lo poseía en un grado notable y así fue un diplomático atrevido, tranquilo y exitoso. Cavour también poseía este poder y lo usó con sabiduría. El presuntuoso y el fanfarrón carecen de él. Es un poder sutil que se resiste a aflorar a la superficie pero en momentos de necesidad surge como una chispa dinámica arrastrándolo todo ante sí. Se trata de una fuerza elemental, de un poder irresistible.

Poderes latentes

La mayoría de nosotros ha tenido la experiencia de que en el interior de nuestro organismo físico poseemos una fuerza especial. Estamos realizando alguna labor física y al rato nos hallamos agotados, sin aliento, y todo nuestro ser nos pide detenernos y descansar. Sin embargo, muchos hemos experimentado que si en ese momento continuamos realizando la labor, llega un punto en que esa sensación de agotamiento desaparece y podemos seguir trabajando con muy poco esfuerzo. Este es un fenómeno que ha dejado perplejos a los especialistas, incluso al día de hoy no existe una explicación clara del mismo. Es como si llegado a un punto el cuerpo accediera a un segundo y vasto depósito de energía vital, que el propio cuerpo mantiene en reserva para tales emergencias. Todo aquel que haya practicado algún deporte conoce perfectamente este peculiar fenómeno fisiológico, por lo que es algo conocido y admitido sin ninguna duda.

Curiosamente, hay un marcado paralelismo entre el funcionamiento de la naturaleza en los planos mental y físico. Al igual que se da este acceso al segundo reservorio de fuerza física vital, existe también una reserva de fuerza mental o de energía latente de la que podemos provisionarnos y prácticamente empezar de nuevo. Ciertos fenómenos mentales son muy semejantes a su contraparte física que hemos mencionado. Podemos estar al límite realizando algún tipo de trabajo mental pesado y tedioso, podemos empezar a sentirnos «enfermos», cuando de pronto una oleada de energía hace que prosigamos el trabajo con frescura, vigor y entusiasmo mucho mayores que al comenzarlo. Es como si nos hubiéramos de pronto conectado con una fuente o un suministro nuevo de energía mental.

La mayoría de nosotros conoce muy poco o nada acerca de las reservas de energía mental y de las fuerzas contenidas en nuestro ser. Caminamos con nuestro paso acostumbrado pensando que estamos haciendo lo mejor que podemos y que estamos obteniendo de la vida todo lo que se puede obtener. Sin embargo, estamos viviendo sólo en la primera fase del esfuerzo. Más allá del cual existen ilimitados depósitos de fuerza y energía mental. Se rata de un poder latente, unas facultades dormidas, que están esperando la orden mágica de la voluntad para despertar, entrar en actividad y manifestarse externamente. Somos seres mucho más grandes de lo que pensamos, somos gigantes, si tan sólo lo supiéramos. Muchos de nosotros somos como jóvenes elefantes que permiten ser amaestrados por hombres enclenques que los encadenan sin saber la gran fuerza y poder que está escondido en su organismo. Aquellos de vosotros que habéis leído nuestro librito titulado «La conciencia interior» recordaréis lo que decía en él sobre las zonas por encima y por debajo del plano de la conciencia ordinaria. En esos planos ocultos de la mente existen impensables posibilidades, que son materia prima para realizar y lograr tareas mentales inconmensurables, son como baterías maravillosas. El problema es que no somos conscientes de la existencia de esas facultades. Pensamos que somos meramente lo que manifestamos en nuestro andar cotidiano. Otro problema es que no tenemos incentivo para entrar en acción, carecemos de interés en realizar grandes cosas, no lo hemos deseado con suficiente fuerza. Ese «desear con suficiente fuerza» es el gran poder que mueve la totalidad de la vida. El deseo es el fuego que expande el vapor de la voluntad. Sin incentivo –es decir, sin deseo– no logramos nada. El deseo intenso y ardiente es una fuerza animadora, es el gran incentivo para entrar en acción y para llevarnos a ese segundo reservorio de energía interna que nos permite realizar milagros mentales.

Nos sorprendemos ante los logros de los grandes seres en todos los aspectos de la vida y nos excusamos a nosotros mismos diciendo que estas personas parecen tener «algo» que nosotros no tenemos. Eso son tonterías. Todos tenemos en nosotros mismos la posibilidad de realizar logros mil veces superiores a lo que estamos ahora consiguiendo. El problema no es una carencia de fuerza ni de materia prima mental, sino de deseo, interés e incentivo para llegar a esos maravillosos reservorios de poder dinámico que existen en nuestra mente. Fallamos en ponerlos a nuestro alcance, así como otras fuerzas y poderes naturales que están ansiosas de ser manifestadas y expresadas. Sí, ansiosas, pues toda fuerza natural en una situación estática parece estallar en deseos de manifestarse y expresarse a sí misma en forma de una actividad dinámica externa. Esto parece ser una ley de la vida y de la naturaleza. La naturaleza y todo cuando hay en ella parece ansiosa de expresarse activamente. ¿No te has sorprendido alguna vez cuando a consecuencia de alguna pequeña presión o incentivo algo en tu interior parece romper sus amarras y llevarte como un vendaval a realizar algún tipo de acción? ¿Nunca has realizado en un momento de gran tensión o necesidad urgente algo que a sangre fría considerabas imposible? ¿No has hecho a veces cosas «en caliente» siendo que en circunstancias normales hubieras permanecido impasible sin hacer nada?

El fuerte deseo y el entusiasmo son dos factores importantes a la hora de poner a funcionar estas fuerzas latentes, estos poderes dormidos de nuestra mente. Pero no debes permanecer parado esperando llegar a un nivel de fervor necesario para que estas energías entren en acción. Mediante un entrenamiento de la voluntad –o mejor dicho, mediante un cuidadoso entrenamiento de ti mismo en el uso de tu voluntad– puedes mantener el control de tu dispositivo mental, de forma que lo puedas conectar o desconectar cuando sea necesario. Una vez domines esto, verás que no te cansas más cuando estás bajo gran tensión que cuando paseas tranquilamente. Este es uno de los secretos del éxito.

Para muchos la palabra «voluntad» significa simplemente una firme coherencia de la mente hacia un propósito fijo y determinado. Para otros significa algo como deseo, mientras para otros representa «el poder de elección», etc. Sin embargo, para el ocultista la voluntad es mucho más que eso, es un poder vital, una fuerza activa de la mente, capaz de dominar y gobernar las otras facultades mentales y también de proyectarse a sí misma más allá de los órganos mentales del individuo y de afectar a otros que se hallen en su campo de influencia. Y es en este sentido en el que uso la palabra voluntad en este capítulo.

No quiero llevar al lector a los tenues reinos de la metafísica, ni tampoco por los más arduos senderos de la psicología científica, pero sí quiero poner en su conocimiento la existencia de eso que yo llamo el poder de la voluntad, y de su relación con el «yo». Entre todos los poderes y facultades mentales, el de la voluntad es el más cercano al «yo» o ego de la persona. Es la espada del poder en la mano del ego. Uno puede divorciarse a sí mismo mentalmente de las otras facultades y estados mentales, pero cuando piensa en el «yo» está obligado a pensar en él como poseedor de ese poder que llamamos voluntad. La voluntad es un poder original del «yo» que está siempre con él, hasta el final. Es la fuerza con la que él gobierna (o debería gobernar) su reino mental y físico, el poder a través del cual su individualidad se manifiesta en el mundo exterior.

El deseo es el gran poder motivador que incita la voluntad a la acción. Como hemos mostrado, la acción de la voluntad sin el poder motivador del deseo es impensable. De esto se deduce que el cultivo y la correcta dirección del deseo implican canalizar la expresión y la manifestación de la voluntad. Cultivamos ciertos deseos para que la voluntad fluya por esos canales. Al cultivar el deseo según ciertas líneas, creas canales por los que la voluntad puede fluir en su marcha hacia la expresión y la manifestación. Por ello, tienes que asegurarte de dibujar tus canales de deseo claramente, creando las imágenes de lo que quieres. Asegúrate de que los canales del deseo sean profundos y nítidos mediante la fuerza de la atención repetida y de la autosugestión.

La historia está llena de ejemplos de hombres que desarrollaron el uso de su voluntad. Digo «desarrollaron el uso» y no «desarrollaron la voluntad», ya que el hombre no desarrolla su voluntad, pues su voluntad está siempre presente y lista para ser usada. Lo que el hombre desarrolla es su capacidad de usar esa voluntad y de perfeccionarse a sí mismo en su uso. Con frecuencia pongo el siguiente ejemplo: el hombre es como un trolebús, con su dispositivo mental conectado al cable de la voluntad. Por ese cable fluye la corriente, que él capta y que lleva hacia abajo, hacia la mente y con la cual puede moverse, actuar y manifestarse. Pero la corriente está siempre en el cable, y lo que se puede desarrollar es la habilidad para conectarse con el cable y usar su fuerza y su energía. Si mantienes esta idea en tu mente podrás aplicar esta verdad con más facilidad en tu vida diaria.

Uno de los mayores genios de la industria actual posee esa cualidad en grado supremo. Se ha dicho de él que: «Su voluntad es fuerte, poderosa y casi irresistible. Cualquier cosa o persona que interfiera en su camino, con toda seguridad será conquistada». Decía Buxton: «A medida que pasan los años veo más claro que la gran diferencia entre los hombres, entre el débil y el poderoso, entre el grande y el insignificante, es la energía –la decisión invencible–, una vez han establecido su objetivo para ellos es la victoria o la muerte. Esta cualidad logra cualquier cosa que pueda lograrse en este mundo, y no hay talento, circunstancia ni oportunidad que sin ella pueda convertir en hombre a una criatura de dos patas». En estas citas la idea de insistencia y decisión se identifica con la voluntad. La voluntad debe ser fuerte y constante en relación a la tarea a cumplir, al igual que el cincel se apoya con fuerza contra el objeto que debe ser marcado. Pero la simple insistencia o decisión no realiza el trabajo, de nada servirán si no está presente la voluntad de cortar y cincelar. Como vemos, la voluntad tiene aquí un doble aspecto: en una fase la voluntad realiza el trabajo, mientras que en otra fuerza a la mente a mantenerse frente al mismo. De este modo en cierto sentido la decisión y la insistencia son a la fuerza que hace el trabajo como el cortante del cincel es a la mano firme que lo mantiene.

Dijo Simson: «Un deseo apasionado y una voluntad firme pueden lograr lo imposible o lo que al débil y tibio le parecería serlo». Y dijo Disraeli: «Tras mucho meditar he llegado a la convicción de que un ser humano con un propósito firme debe cumplirlo y que nada se resistirá a una voluntad que para lograr su meta arriesga incluso su propia existencia». Por su parte, Foster dijo: «Es maravilloso cómo incluso las desgracias de la vida parecen inclinarse ante un espíritu que no se inclina ante ellas, disponiéndose a servir a un designio que en su primera apariencia amenazaba con frustrar. Es curioso ver como ante un espíritu firme y decisivo el espacio parece aclararse, dejando a la persona campo y libertad». Y Mitchell: «La resolución es lo que manifiesta al hombre, no la decisión inmadura, no un propósito errante, sino una voluntad fuerte, infatigable, que derrumba las dificultades y los peligros. La voluntad hace de los hombres gigantes».

De modo que conéctate al cable de la voluntad a fin de que puedas utilizar su energía.

La fuerza del alma

Con frecuencia has visto utilizar la palabra entusiasmo e incluso seguramente tú mismo la has usado. Pero ¿has pensado alguna vez lo que realmente significa esta palabra? ¿Cuál es su espíritu esencial? La palabra entusiasmo se deriva de un vocablo griego que significa «estar inspirado, estar poseído por los dioses». Inicialmente esta palabra se usaba para nombrar el estado mental de una persona inspirada que parecía estar bajo la influencia de un poder superior. Originalmente significaba «inspirado por un poder divino o super-humano; éxtasis; etc.». Hoy, según el diccionario, se utiliza en el sentido de «un inflamado fervor del alma, un interés ardiente e imaginativo, una viva manifestación de alegría, etc.». La palabra ha adquirido también un significado secundario y desfavorable en el sentido de «celo visionario, fervor imaginativo, etc.», pero su significado real y primario es ese fervor ardiente y vivo que tiene que ver con las fuerzas internas de la propia naturaleza. El verdadero entusiasmo es un poderoso estado mental ejercido a favor o en contra de alguna idea.

Una persona llena de entusiasmo parece realmente estar inspirada por algún tipo de poder o ser superior a ella misma. Se nutre de una fuente de poder de la cual no es ordinariamente consciente. Y el resultado es que se convierte en un gran imán que irradia fuerza de atracción en todas direcciones y que influencia a quienes caen dentro de su campo. Pues el entusiasmo es contagioso y cuando el individuo realmente lo experimenta se convierte en una fuente de poder inductivo, en un centro de influencia mental. Pero ese poder que llena a la persona no procede de ninguna fuente externa, procede de ciertas regiones de su mente o alma, de su conciencia interna. Quienes han leído nuestro librito titulado «Conciencia interior» entenderán fácilmente de qué parte de la mente se deriva dicho poder. El entusiasmo es en realidad el poder del alma y, cuando es genuino, es reconocido y sentido por todos cuantos están en su campo de influencia.

Sin un cierto nivel de entusiasmo nadie ha logrado el éxito y nadie lo logrará. En las relaciones entre personas nada puede compararse al entusiasmo. Implica seriedad, concentración y fuerza, y son pocas las personas que no son influenciadas en algún grado cuando éste es manifestado por otra. Pocos se dan cuenta del verdadero valor del entusiasmo. Son muchos los que han tenido éxito por poseerlo y muchos los que han fracasado por carecer de él. El entusiasmo es el vapor que mueve nuestra maquinaria mental y que indirectamente nos hace lograr las grandes cosas de la vida. Es imposible realizar una tarea debidamente sin cierto grado de interés en ella y ¿qué es el entusiasmo sino interés más inspiración? El entusiasmo es interés inspirado. Y es gracias al poder del entusiasmo que las grandes cosas de la vida logran expresarse y realizarse.

El entusiasmo no es una cosa que unos posean y otros no. Potencialmente todos lo tienen, pero sólo unos pocos son capaces de expresarlo. La mayoría tiene miedo de «sentir» algo, y luego dejar que ese «sentimiento» se exprese a sí mismo en una acción poderosa, como hace el vapor en una máquina. La mayoría de las personas no saben cómo elevar el vapor del entusiasmo. Fracasan en mantener el fuego del interés y del deseo controlado en su caldera mental y, en consecuencia, no logran elevar la presión del vapor del entusiasmo. El entusiasmo se puede desarrollar cultivando el interés y el amor por tu tarea. El interés, la confianza y el deseo estimulan el entusiasmo. Y éste permanece en ti ya sea para concentrarlo a fin de dirigir su efecto hacia el objeto, persona o cosa que deseas mover, o bien se puede disipar en el aire sin resultado alguno. Al igual que el vapor, el entusiasmo puede ser utilizado o disipado. Con una dirección concentrada produce resultados, mientras que al ser tontamente malgastado y disipado no logramos nada. Cuanto más interés te tomes en algo más crece tu confianza y tu deseo y de ellas surgirá el vapor del entusiasmo. Recuerda siempre que el interés es la madre del entusiasmo.

El hombre entusiasta tiende naturalmente hacia un estructura mental optimista y al hacerlo difunde a su alrededor un ambiente de confianza y alegre expectación que tiende a inspirar confianza en los demás y, el cual le ayuda en sus logros. Se rodea a sí mismo con un aura mental de éxito –transmite una vibración de éxito– y los que están en su presencia inconscientemente captan esas vibraciones. El entusiasmo es muy contagioso y cualquiera que posea la calidad, el tipo y el grado justo inconscientemente comunica su interés, su deseo y sus expectativas a los demás. El entusiasmo juega un papel importante en lo que llamamos magnetismo personal. Es una cualidad mental calida y viva que acelera el pulso de quien lo utiliza y de quienes se ven afectados por él. Es muy distinto de la fría indiferencia que uno se encuentra con frecuencia en los negocios y que hace que muchas ventas se pierdan y que muchas cosas buenas «se derrumben».

El hombre que carece de entusiasmo pierde más de la mitad de su fuerza e influencia personal. Independientemente de lo buenos que sean sus argumentos, sin importar lo meritoria que sus proposición pueda ser, salvo que posea esa calidez vital del entusiasmo sus esfuerzos serán inútiles y su resultado se verá comprometido. Piensa en los vendedores que te han abordado y recordarás que algunos de ellos te produjeron el efecto de un témpano de hielo, mientras que ante otros te sentaste y tomaste nota de cuanto decían a pesar tuyo y todo debido a su serio interés y a su entusiasmo. Analiza la impresión que las diferentes personas que han entrado en contacto contigo te produjeron y verás lo grande que es la influencia del entusiasmo. Luego recuerda el efecto que produce en ti cuando lo sientes. El entusiasmo es como el vapor mental que mueve las máquinas, recuérdalo.

Hace unos días se colocó una placa en una de las grandes universidades del país como recuerdo a un antiguo estudiante. Dicho joven salvó la vida de 17 personas durante una tormenta que azotó el lago. Los sacó nadando uno a uno, volviéndolos a la vida. Finalmente se desmayó exhausto y, al recuperar la conciencia, sus primeras palabras fueron: «¿Hice todo lo que pude?» Las palabras de este joven expresan la gran pregunta que todo verdadero buscador del éxito debería ser capaz de responder afirmativamente. No es cuestión de saber si hice esto o aquello, o si hice tanto o más que otro, lo importante es «¿hice todo lo que pude? ¿Di lo mejor de mí mismo?».

El hombre que entrega lo mejor de sí mismo nunca fracasa. Siempre tiene éxito, y si lo mejor que pudo es algo muy sencillo, el mundo colocará no obstante una corona de laurel sobre su cabeza. Aquel que hace todo lo que puede nunca es un fracasado. Se mantiene en su puesto hasta que ha entregado todo lo mejor de sí mismo en un momento particular. Un hombre así nunca fracasa.

Aquél que da lo mejor de sí mismo nunca se encuentra haciendo la pregunta pesimista: «¿Para qué?» No le importa esa parte del asunto, su mente está fija en la idea de que debe hacer su trabajo y no se conformará con nada menos que lo mejor. Y cuando se es capaz de responder a la gran pregunta con un sincero «sí, he dado lo mejor de mí», entonces ciertamente será capaz de responder al «¿para qué?». Siempre es útil sacar a flote lo mejor de sí mismo, aunque no sea más que por el motivo de convertirse en un hombre verdadero, por desarrollar su propio Ser.

Esa infernal pregunta «¿para qué?» parece que fue inventada por algún pesimista príncipe de las tinieblas a fin de que desanime a quienes luchan desesperanzadamente o tienen esperanzas que parecen difíciles de lograr. Esta pregunta ha derribado a muchos hombres llevándolos al fracaso. Cuando surja échala de tu mente y sustitúyela por: «¿Estoy dando lo mejor de mí?», sabiendo que una respuesta afirmativa zanja también la otra pregunta. Todo es «para algo» si su espíritu es el correcto, siempre que sea una causa justa y que nuestro propio ser desee seguirla. Incluso si uno encuentra la muerte en el proceso, sigue siendo un éxito. Escucha esta historia, incluida en un reciente artículo. Se trata de un marino en el naufragio de un barco alemán que a principios de 1901chocó contra unas rocas en la costa canadiense. El barco se incendió tras chocar contra un arrecife a unos 200 metros de la costa. En aquel punto la costa era un muro vertical de más de cien metros de alto. Al clarear la mañana los pescadores desde la costa vieron que todos los botes del barco habían desaparecido, así como toda la tripulación y los oficiales, salvo tres hombres. Dos de ellos estaban sobre el puente mientras el tercero estaba en el mástil amarrado a los aparejos. Luego los que observaban desde la costa vieron cómo una enorme ola golpeaba el barco, barriendo el puente y a los dos hombres que estaban sobre él. Varias horas después vieron como el hombre amarrado en el poste se desataba y golpeaba su cuerpo vigorosamente con las palmas de las manos. Evidentemente trataba de reactivar la circulación, la cual se había detenido casi totalmente por la presión de las cuerdas y por la temperatura extremadamente baja.

Seguidamente el hombre se quitó su prenda de abrigo, saludó a los pescadores que se hallaban en la cima del acantilado y se echó al mar. El primer pensamiento de éstos fue que el hombre había abandonado y se suicidaba, pero no era ese tipo de persona. Al contrario, nadó hacia la costa y al llegar a ella hizo tres intentos de echar pie en las rocas que había en la base del acantilado. Pero fracasó. Las tres veces fue barrido por las olas, hasta que finalmente, viendo la inutilidad de sus esfuerzos, nadó de nuevo hacia el barco. El narrador continuaba: «En un momento así 99 de cada 100 hombres habrían abandonado, dejándose morir, pero aquel hombre no era de los que abandonan».

Después de la feroz batalla con las olas, el hombre volvió al barco y tras una desesperada lucha consiguió subir a bordo, escaló de nuevo el mástil y saludó otra vez a los pescadores que estaban sobre el acantilado, incapaces de ayudarle. De nuevo se amarró con fuerza y los pescadores pudieron verlo saludándolos para mostrarles que todavía estaba vivo. A la mañana siguiente vieron que su cabeza reposaba sobre el pecho, había muerto congelado durante la noche. Estaba muerto. Su valerosa alma había ido al encuentro del Hacedor. ¿Quién puede dudar de que al estar frente a Él sus ojos miraban con firmeza y valentía a su presencia en lugar de mirar hacia abajo con vergüenza o miedo? Un hombre así merece sin duda estar frente a su Hacedor sin miedo y sin vergüenza. Como dijo George Kennan: «Este hombre murió como cualquier persona en circunstancias adversas debería morir, luchando hasta el último momento. Podéis llamarlo locura, y decir que podía haberse ahorrado sufrimiento dejándose ahogar al descubrir que no podía pasar a tierra en la base del acantilado; sin embargo, en lo profundo de vuestros corazones rendís homenaje a su valentía, su resistencia y su voluntad indomable. Finalmente fue vencido, pero mientras estuvo consciente, ni el frío ni la tempestad pudieron quebrar su voluntad».

En el Cáucaso hay un proverbio que dice: «El heroísmo es esforzarse un momento más». Ese momento más marca la diferencia entre el que abandona y aquél que da lo mejor de sí. «Nadie está muerto hasta que su corazón deja de latir». Mientras haya una brizna de lucha, no se ha fracasado. Y ese «momento más» con frecuencia es el momento en el que cambia la marea, el momento en que el enemigo retrocede.

El poder del deseo

¿Qué es el deseo? Vamos a ver. El diccionario nos dice que es: «el anhelo natural de poseer algún bien, el anhelo de obtener o disfrutar». O bien, en el sentido anormal o degenerado: «Anhelo excesivo o mórbido, lujuria, apetito». Se ha abusado mucho de la palabra «deseo». Popularmente ha sido muy identificada con su aspecto anormal o degenerado, ignorando su verdadero sentido original. Con frecuencia se usa esta palabra en el sentido de un anhelo desordenado y malo en lugar de hacerlo en el verdadero sentido de «aspiración». No obstante, aunque le podemos llamar «aspiración» sigue siendo deseo. Aplicarle el adjetivo de loable y ambicioso tampoco le quita su carácter de deseo. No tiene sentido tratar de ocultar el hecho de que el deseo es el impulso natural universal que nos lleva a la acción, sea esta buena o mala. Sin deseo la voluntad nunca se convierte en acción y nada se realiza. Incluso los logros y las metas más elevados son posibles sólo cuando el vapor contenido de la voluntad es estimulado por la llama y el calor del deseo.

Muchas enseñanzas ocultas contienen instrucciones para «matar al deseo» y al estudiante se le advierte que debe ser consciente de él, incluso en sus más sutiles e insidiosas formas, incluso hasta el extremo de «evitar el deseo de no tener deseos». Todo esto es tontería, pues si alguien «desea» o «quiere» o «se siente inclinado» o «cree que es mejor» matar al deseo, en cualquiera de estos casos tan sólo está manifestando un deseo, el deseo de no desear, aunque utilice otros nombres. ¿Qué es ese «desear», «querer», «sentir inclinación», «gustar» sino un simple, llano y puro deseo enmascarado bajo otros nombres? Proceder a matar el deseo sin «desear» hacerlo es como tratar de elevarte a ti mismo tirando hacia arriba de tus calcetines. Simple locura. Lo que realmente quiere decir esto es que el ocultista debería esforzarse por desprenderse de los bajos deseos que pueda contener su naturaleza y también deshacerse del «apego a las cosas». En relación con esto, os diré que todo verdadero ocultista sabe que incluso las mejores «cosas» no son lo suficientemente buenas como para mandarnos y gobernarnos, nada es suficientemente bueno para que el alma se permita aferrarse a ello hasta el punto en que dicha cosa la gobierne en lugar de ser el alma quien gobierne a la cosa. Esto es lo que la enseñanza realmente dice, evitar el «apego», y en esto los maestros ocultistas tienen razón. El deseo es un dueño terrible. Barre los apoyos del alma como lo haría el fuego, dejando nada más que cenizas humeantes. Pero también al igual que el fuego, el deseo es un servidor espléndido y con su poder controlado podemos generar el vapor de la voluntad y de la actividad y lograr grandes cosas en el mundo. Sin el adecuado deseo en el mundo no habría actividad. Así, no cometas el error de rechazar el deseo al igual que tampoco debes rechazar el fuego, pero en ambos casos, debes mantener el control en tus propias manos, evitando que dicho control pase de ti al deseo.

El deseo es la fuerza motivadora que gobierna al mundo, aunque en muchos casos no lo queramos admitir. Mira a tu alrededor y verás los efectos del deseo en cada acto humano, ya sea éste bueno o malo. Como escribió un conocido autor: «Todo lo que hacemos, bueno o malo, es consecuencia de un deseo. Somos caritativos porque deseamos aliviar nuestro malestar interno ante la visión de los que sufren, por un deseo de simpatía, por el deseo de que se nos respete en este mundo, o bien para asegurarnos un lugar confortable en el otro. Cuando uno es amable es porque desea serlo, porque le satisface ser amable, mientras que otro es cruel precisamente por el mismo motivo. Uno cumple su deber porque desea hacerlo. Haciendo así obtiene una satisfacción mayor de la que conseguiría con negligencia o abandonándose a deseos menos loables. La persona religiosa lo es porque sus deseos religiosos son más fuertes que los profanos, porque obtiene más satisfacción en la religión que siguiendo objetivos mundanos. El hombre moral lo es porque sus deseos morales son más fuertes que los inmorales, obtiene más satisfacción siendo moral que al contrario. Todo lo que hacemos está propiciado por el deseo en una forma u otra, elevado o bajo. El hombre no puede carecer de deseos y actuar. El deseo es la fuerza motivadora subyacente a todos nuestros actos, es una ley natural de vida. Todo, desde el átomo a la mónada, desde la mónada al insecto, desde el insecto al hombre, desde el hombre a la naturaleza, actúa motivado por el poder y la fuerza del deseo. El deseo es el motivo que todo lo anima».

A primera vista, la cita anterior parece que considera al hombre como una simple máquina, sujeto al poder de cualquier deseo que le venga a la mente. Pero lejos de ser así. El hombre no actúa respondiendo a CUALQUIER deseo, sino respondiendo a su deseo más fuerte, o a la media de sus más fuertes deseos. Esa media de sus deseos es lo que constituye su naturaleza o su carácter. Y aquí es donde el dominio del «yo» entra en acción. El hombre no necesita ser un esclavo o una criatura de sus deseos, siempre que afirme su dominio. Puede controlar, regular, gobernar y guiar sus deseos en cualquier dirección que quiera. Incluso puede crear deseos mediante un acto de su voluntad. Mediante el conocimiento de las leyes psicológicas puede neutralizar los deseos desfavorables y puede desarrollar, incluso prácticamente crear, nuevos deseos para que ocupen su lugar. Todo esto mediante el poder de su voluntad auxiliado por la luz de su razón y su juicio. El hombre es el dueño de su mente.

«Sí», diría uno de mis críticos; «sí, eso es cierto, pero incluso en ese caso no es el deseo el motivo principal. ¿Acaso no hay entonces un deseo de crear esos nuevos deseos? ¿Acaso no precede siempre el deseo a la acción? Buen razonamiento, pero como todo ocultista avanzado sabe, hay un punto en el cual el principio del deseo se difumina uniéndose a su otro principio compañero, la voluntad. Cualquier analista mental puede imaginar un estado en el cual podemos casi decir que se manifiesta la voluntad de ejercer la voluntad en lugar de simplemente desear ejercerla. Este es un estado que hay que experimentar antes de entenderlo, las palabras no lo pueden expresar.

Hemos dicho que el hombre tiene el poder de crear deseos, no solo de ser su dueño una vez creados, sino realmente crearlos dándoles el ser. Ello es absolutamente cierto y ha sido verificado y comprobado por los más recientes experimentos y descubrimientos de la psicología moderna. En lugar de ser el hombre una criatura del deseo –y realmente en muchos casos lo es– puede convertirse en dueño del deseo e incluso en creador del mismo. Mediante el conocimiento y la voluntad puede revertir el orden ordinario de cosas y, echando al intruso del trono, puede sentarse él mismo en el lugar que le corresponde y luego colocar al último ocupante bajo su voluntad y asegurarse su obediencia. Pero la mejor manera de que el nuevo ocupante del trono reorganice la corte es desechar a las viejas criaturas de su mente y crear nuevas en su lugar. Y es así como debe hacerse: en primer lugar, uno debe pensar cuidadosamente las tareas que quiere llevar a cabo, luego utilizando cuidadosamente su juicio de forma imparcial e impersonal hasta donde sea posible, debe ser consciente de sí mismo y ver en qué puntos flaquea en relación a la tarea que desea realizar. Luego analizará la tarea que tiene ante él, con todo detalle, separando el asunto en tantas divisiones claramente definidas como sea posible a fin de ser capaz de ver el asunto tal como es, tanto en los detalles como en su totalidad. Después hará inventario de las cosas que parecen necesarias para el logro de la tarea, no de los detalles que surgirán sólo una vez que empiece el trabajo día a día, sino de las cosas generales que deben hacerse a fin de que la tarea llegue a una conclusión exitosa. Tras haber tomado conciencia de la tarea, de la naturaleza de la empresa, y de sus propias cualidades y deficiencias, entonces comenzará a crear el deseo según el siguiente plan: el primer paso en la creación del deseo es formar una imagen mental clara y vital de las cualidades, objetos y detalles de la empresa, al igual que de la totalidad de la misma. Al decir imagen mental quiero decir un cuadro mental claro en la imaginación, no simplemente los nombres de las cosas. No te equivoques al leer la palabra imaginación. Esta es otra palabra de la cual muchos tienen una idea equivocada. La imaginación es mucho más que el inútil uso de esa parte de la mente. De hecho, lo que muchos entienden por imaginación no es más que una sombra del verdadero esfuerzo imaginativo. La imaginación es algo real, es la facultad de la mente mediante la cual ésta crea una matriz, un molde, un patrón que después la voluntad entrenada y el deseo materializarán en la realidad objetiva. No hay nada creado por las manos y la mente del hombre que no haya tenido su primer origen en la imaginación. La imaginación es el primer paso en la creación, ya se trate de mundos o de bagatelas. El patrón mental precede siempre a la forma material. Y así ocurre en la creación del deseo. Antes de que puedas crear un deseo debes tener una imagen clara de lo que necesitas desear.

Verás que la tarea de crear una imagen mental es un poco más difícil de lo que tú creías. Verás que es difícil incluso formar un simple cuadro mental de aquello que necesitas. Pero no te desanimes y persevera, pues en esto, como en cualquier otra cosa, la práctica hace al maestro. Cada vez que trates de formar la imagen mental, ésta surgirá un poco más clara y más precisa y los detalles irán tomando más prominencia. No te canses demasiado al principio, deja la tarea para más tarde o para mañana. Pero practica y persevera, pues debes lograr la imagen tan clara como el recuerdo de algo que has visto. En los capítulos siguientes hablaremos más sobre la visualización mental y la imaginación.

Tras haber logrado una imagen mental clara de las cosas que quieres desear y por ello lograr, deberás cultivar el enfoque de la atención en esas cosas. La palabra atención se deriva del latín «attendere», que significa «estirar» hacia delante. La idea original subyacente en la atención mental es «estirarse hacia delante» o «extenderse» hacia el objeto de la atención y ésta es la idea correcta, pues esa es la manera en que la mente funciona en este asunto. Mantén las ideas ante tu atención tanto tiempo como puedas para que la mente las capte y llegue a hacerlas parte de sí misma. Al hacerlo, impresionas con firmeza esas ideas sobre la tablilla encerada de la mente.

Así, habiendo finado la idea claramente en tu mente a través de la imaginación y la atención, ésta se vuelve fija allí, entonces deberás cultivar el ardiente deseo, el anhelo, le necesidad de que esas cosas se materialicen. Pide que se desarrollen en ti las cualidades necesarias para la tarea, pide que tus cuadros mentales se materialicen. Pide que los detalles se manifiesten al igual que el total, permitiendo que «algo mejor» –que sin duda surgirá– ocupe el lugar de lo que antes había. Mientras estás en este proceso la conciencia interna se ocupará de estos asuntos por ti.

Luego desea con firmeza, confianza y seriedad. No seas tibio en sus peticiones y deseos. Pide y exige el asunto completo, y ten confianza de que éste hallará su camino hacia la realidad material objetiva. Piensa en ello, sueña con ello y siempre anhélalo, pues tendrás que aprender a querer de la peor forma, aprender «a quererlo con suficiente fuerza». «Queriendo con suficiente fuerza» obtendrás y lograrás muchas cosas, el problema es que la mayoría de nosotros no deseamos las cosas con fuerza suficiente. Confundimos vagos anhelos y deseos con un deseo serio, anhelante y exigente. Exige la cosa deseada al igual que exiges y deseas tu comida diaria. Eso significa querer de la peor manera. Todo esto no son más que sugerencias, sin duda tú podrás encontrar tu camino siempre que seas serio y lo desees con suficiente fuerza.

La Ley de la Atracción

Hay en la naturaleza una gran ley –la Ley de la Atracción– por cuyo funcionamiento todas las cosas –desde los átomos hasta las personas– son atraídas unas hacia otras según el grado de afinidad, de semejanza o de utilidad entre ellas. El reverso de esta ley, que no es sino otra manifestación de su poder, es lo que se llama repulsión, que no es más que el otro polo de la atracción y con su funcionamiento las cosas tienden a repelerse mutuamente en el grado en que sean distintas, opuestas y sin utilidad una para otra. La Ley de la Atracción es universal en todos lo planos de la vida, desde el físico al espiritual. Su funcionamiento es uniforme y constante, por lo que podemos tomar los fenómenos de un plano y en ellos estudiar los fenómenos de otro plano, ya que en todos los casos se aplica la misma regla, es la misma ley y funciona del mismo modo.

Empezando con los cuerpos más diminutos, los electrones o los iones, que forman los átomos, encontramos manifestada la Ley de la Atracción: ciertos electrones se atraen y otros se repelen, generando la formación de grupos, combinaciones y colonias de electrones, los cuales comienzan a constituir lo que llamamos átomos, que hasta recientemente se pensó eran la forma básica de la materia. En cuanto a los átomos mismos, hallamos muchos grados de afinidad y atracción entre ellos, lo cual hace que se combinen formando moléculas, que es lo que compone toda la materia. Por ejemplo, cada gota de agua se compone de infinitas moléculas de agua y cada molécula está compuesta de dos átomos de hidrógeno y uno de oxígeno. Esta combinación es siempre la misma en cualquier molécula de agua. ¿Por qué estos átomos se combinan de este modo, en esta proporción invariable? Sin duda no es por azar, pues tal cosa no existe en la naturaleza. Tras todo fenómeno hay una ley natural y en este caso es la Ley de la Atracción. Lo mismo ocurre con toda combinación química, es lo que se llama afinidad química.

A veces un átomo que ya forma parte de un grupo entra en contacto por proximidad con otro átomo, y entonces se produce una explosión en la molécula cuando el átomo se escapa de sus compañeros para ir a los brazos de otro átomo, con el cual siente una afinidad aún mayor. Veréis que en el mundo de los átomos hay casamientos y divorcios. Y en cuanto a las moléculas, se ha visto que ciertas moléculas son atraídas hacia otras de su mismo tipo siguiendo lo que se llama Cohesión, y así se forman las masas de materia. Un trozo de oro, de plata, de latón, de cristal o de otro tipo de materia está compuesto por innumerables moléculas fuertemente unidas por la cohesión, y dicha cohesión es simplemente otra forma de la Ley de la Atracción. La misma ley que hace que las cosas se junten. Subyaciendo a la ley de la atracción hallaremos nuestro viejo principio de deseo y voluntad. Tal vez te encojas de hombros al ver que menciono el deseo y la voluntad conectados con electrones, átomos y moléculas, todo ello formas de materia, pero espera un momento y verás lo que autoridades científicas de primer nivel dicen al respecto.

Incluso el profesor Hakel, uno de los mayores científicos del mundo, y totalmente materialista, naturalmente prejuiciado en contra de las teorías espiritualistas, manifestó: «La idea de la afinidad química consiste en el hecho de que varios elementos químicos perciben las diferencias cualitativas en otros elementos, experimentan placer o repulsa al contacto con ellos y en base a ello realizan movimientos concretos». También manifestó claramente que en los átomos debe haber algo correspondiente al deseo de contacto y asociación con otros átomos, y la voluntad de permitir que el átomo responda a la ley del deseo es constante en la naturaleza, desde el átomo al hombre a nivel físico, mental y espiritual.

¿Y qué tiene que ver todo esto con el secreto del éxito?, te preguntarás. Simplemente, que la ley de la atracción es una parte importante del secreto del éxito, sobre todo porque tiende a traer hacia nosotros las cosas, las personas y las circunstancias de acuerdo con nuestro más serio deseo, demanda y voluntad, al igual que atrae unos hacia otros a los átomos y otras partículas de materia. Conviértete en un átomo de deseo vivo y atraerás hacia ti a la persona, las cosas y las circunstancias necesarias para lograr el cumplimiento de tu deseo. Al mismo tiempo entrarás en contacto con aquellos que están trabajando según las mismas líneas de pensamiento. Y serás atraído hacia ellos y ellos hacia ti y entrarás en relación con personas, cosas y entornos que posibilitarán la solución del problema de tus deseos. Sin saber cómo, estarás «cerca» de las personas y de las cosas adecuadas y todo debido al funcionamiento de esta gran ley natural, la Ley de la Atracción. Aquí no hay nada de magia o necromancia, nada sobrenatural ni misterioso, simplemente es el funcionamiento de una gran ley natural.

En la vida puedes hacer muy poco tú solo, por fuerte y capaz que seas. La vida es compleja y los individuos somos interdependientes unos de otros. Un individuo, segregado de los demás, puede lograr poco o nada. Deberá formar combinaciones, arreglos, armonías y acuerdos con otros y según el entorno y las cosas, es decir, deberá crear y utilizar los entornos y las cosas adecuadas y atraer hacia sí mismo a otros con quienes formará combinaciones a fin de hacer cosas. Y esas personas, cosas y entornos llegarán a él –o él a ella– debido a esta gran Ley de la Atracción. Y la forma en que el hombre pone en funcionamiento esta gran Ley de la Atracción es a través de su deseo siguiendo los lineamientos de la imaginación o visualización mental. ¿Ves ahora la conexión? Por ello, ten mucho cuidado en formar, cultivar y manifestar los deseos correctos. Mantenlos con firmeza, fuerza y constancia, y así pondrás en funcionamiento esta gran ley, que constituye una parte muy importante del secreto del éxito.

La fuerza del deseo es el poder que motiva las actividades de la vida. Es la fuerza vital básica que anima la mente de las cosas vivas y las empuja a la acción. Sin un fuerte deseo nadie logra nada que merezca la pena, y cuanto mayor sea el deseo, mayor será la cantidad de energía generada y manifestada, siempre que todo lo demás permanezca inalterado. Es decir, que si tenemos una docena de personas de igual inteligencia, salud física y actividad mental –todos ellos iguales en todo, salvo en su deseo– aquellos en los cuales el deseo sea mayor superarán a los demás en su logro y entre los ganadores aquél cuyo deseo queme como una llama inextinguible será el que domine a los demás gracias a su fuerza elemental primitiva.

El deseo no solo confiere al hombre esa motivación interna que lo lleva a desarrollar el poder que tiene en su interior, sino que hace mucho más. Hace que irradien desde él fuerzas sutiles y finas de naturaleza mental, que extendiéndose en todas direcciones como las ondas magnéticas de un imán o las eléctricas de una dinamo, influencien a todo aquel que esté dentro de su campo de fuerza. La fuerza del deseo es una fuerza de la naturaleza real, activa y efectiva y sirve para atraer y llevar hacia el centro lo que está en línea con la naturaleza del deseo. La Ley de la Atracción, de la que tanto se ha hablado, depende en gran parte de la fuerza y del poder del deseo. La fuerza del deseo constituye el núcleo de la ley de atracción. En la naturaleza existe la tendencia de atraer y llevar hacia el centro del deseo las cosas necesarias para lograr dicho deseo. Nuestra propia voluntad viene hacia nosotros a causa de esta fuerza natural que subyace en todo el fenómeno de la influencia mental. Siendo así, ¿no está claro por qué alguien que desea lograr algo debe asegurarse de crear un fuerte deseo hacia ello, y al mismo tiempo asegurarse de dominar el arte de la visualización a fin de formar una clara imagen mental de la cosa deseada, un molde claro en el que la realidad material pueda manifestarse?

¿Has tenido alguna vez contacto con algún gran hombre de negocios? Si alguna vez has visto a uno de ellos en acción, te habrás dado cuenta de que alrededor de él hay algo sutil y misterioso, algo que se siente, algo que parece atraerte y acoplarte a sus esquemas, sus planes y sus deseos, casi por una fuerza irresistible. Estas personas poseen todos el más fuerte tipo de deseo. La energía de su deseo se manifiesta con fuerza y afecta a todos aquellos con los que entra en contacto. Y no sólo eso, sino que la fuerza de su deseo fluye desde ellos en grandes ondas, que los ocultistas nos dicen se manifiestan con un movimiento circular o espiral alrededor del centro del deseo. Estas personas se convierten en verdaderos ciclones de deseo, siendo que casi todo lo que entra en contacto con ellos es afectado y aspirado hacia el vórtice. ¿No tenemos evidencia de esto en todos los grandes líderes? ¿No podemos ver el funcionamiento de esta Ley de la Atracción que lleva hacia ellos lo que desean? Podemos llamar a esto poder de voluntad y en cierto modo así es, pero detrás y debajo de la voluntad hallaremos siempre un ardiente deseo que es la fuerza que motiva todo su poder de atracción.

Esta fuerza del deseo es algo elemental y primitivo. Lo vemos en el reino animal y entre las razas humanas inferiores, quizás más claramente que entre lo tipos humanos más elevados, pero solo porque en tales circunstancias se nos muestra desprovisto de las coberturas, los disfraces y las máscaras que envuelven las formas y planos de vida más civilizados. Pero recuerda que el mismo principio que se manifiesta en las pulidas formas de la vida civilizada es el que hallamos en el hombre de las cavernas que, desnudo e iracundo corre tras sus enemigos, aniquilándolos como moscas, si nos molestamos en mirar un poco bajo la pulida superficie. Antiguamente el deseo manifestaba su fuerza en el plano físico, ahora lo hace en el plano mental. Esta es la única diferencia, la fuerza es la misma en ambos casos.

Mientras escribo ha llegado a los escenarios una obra que ilustra este principio. La heroína, hija de una antigua familia neoyorquina de elevado nivel social y económico, sueña que en otra encarnación anterior se ve a sí misma arrancada de los brazos de su padre cavernícola por los brazos de un jefe fiero y salvaje, cuyo deseo se manifiesta en lo físico. Se despierta de su sueño y horrorizada descubre el rostro de su raptor del sueño en un hombre que entra en relación con su padre en Nueva York. Esta persona había llegado desde el Oeste con energía, recursos y deseos, derribando cuanto interfería su camino en el mundo de las finanzas. No pisa con su pie el cuello de sus enemigos, pero sí lo hace en el plano mental. El mismo fuerte deseo de poder es muy fuerte en su interior, el mismo viejo dominio se manifiesta en él. El hombre dice: «Yo nunca he abandonado, nunca he tenido miedo». El mismo deseo que inflamaba al salvaje se manifiesta ahora en el financiero de Wal Street y entre la fuerza de su atracción y la fuerza de su voluntad repite los logros de su encarnación anterior, pero esta vez en el plano de las fuerzas mentales. Ahora el instrumento a través del cual el deseo se manifiesta es la mente en lugar de los músculos.

Este ejemplo lo doy simplemente como una ilustración del hecho de que el deseo es la fuerza que lleva a la voluntad a actuar y que causa las diversas actividades de la vida del hombre y de las cosas. La fuerza del deseo es una fuerza real e influencia e impulsa a otras personas y cosas a girar hacia el centro del deseo. En el secreto del éxito el deseo juega un papel prominente. Sin un deseo de éxito no hay éxito. La Ley de la Atracción es puesta en funcionamiento por el deseo.

La mayoría de los principios plasmados en este libro tienen naturaleza positiva, es decir, se te anima a hacer ciertas cosas en lugar de a no hacer lo puesto o lo contrario, pero aquí hemos llegado a un punto en el cual el consejo debe darse en un contexto negativo. Debo pedirte que no hagas una cierta cosa, me voy a referir al gran veneno de la mente y de la voluntad que es conocido como Miedo. No me refiero al miedo físico, por importante que el valor físico sea y por lamentable que se considere la cobardía física, pues no forma parte del propósito de este libro sermonear contra la segunda o animar a cultivar la primera cualidad. De esto hallarás mucho en otros lugares. Mi propósito aquí es combatir ese sutil e insidioso enemigo de la verdadera auto-expresión, que aparece en forma de miedo mental, encarnando lo que podemos considerar como pensamiento negativo, justo la igual que los demás principios mencionados en esta obra son pensamiento positivo. El miedo es esa situación de la mente en la que todo se ve a través de unos cristales negros, en la que todo parece traernos un sentido de inutilidad, donde el principio que predomina es «no puedo» en contraste con la actitud mental de «puedo y quiero». Es la hierba nociva en el jardín de la mente, que tiende a matar las valiosas plantas que en él se hallan. Es la mosca en el aceite, la araña en la copa del vino de la vida. Hasta donde sabemos, la primera persona en usar la expresión «miedo mental» fue Horacio Fletcher, conocido escritor que lo acuñó para usarla en lugar de la palabra «preocupación». Él mismo señaló que la ira y la preocupación son los dos grandes handicaps para lograr una mentalidad avanzada y progresiva. Muchos lo malinterpretaron creyendo que eliminar la preocupación significaba dejar de preocuparse por el mañana, es decir, una falta de prudencia y de previsión. Fletcher acuñó también la expresión «miedo mental» para expresar un aspecto de su idea de «previsión sin preocupación», y así tituló a su segundo libro sobre este tema. También Fletcher fue el primero en dar la idea de que el miedo no es algo en sí mismo, sino una expresión del pensamiento de miedo, una manifestación del estado mental conocido como pensamiento de miedo. Él y otros que han escrito sobre ese tema enseñan que el miedo puede anularse anulando los pensamientos de miedo en la mente, sacándolos de la recámara mental, y los grandes maestros enseñaron que la mejor manera de expulsar al miedo (o a cualquier otro estado mental indeseable) es cultivar en la mente el pensamiento de la cualidad opuesta, impulsando a la mente hacia el cuadro mental de la cualidad deseable y con las autosugestiones apropiadas. Muchas veces se ha dicho que la forma de sacar a la oscuridad de una habitación no es empujarla hacia fuera, sino abrir las ventanas y dejar que la luz del sol penetre en ella. Esa es también la mejor manera de neutralizar los pensamientos de miedo.

Se ha hablado del proceso mental como «vibraciones», una figura muy común en la ciencia moderna. Así, elevando la vibración hacia un nivel positivo se neutralizan las vibraciones negativas. Cultivando las cualidades recomendadas en los otros capítulos de este libro, el pensamiento de miedo se neutraliza. El veneno del pensamiento de miedo es insidioso y sutil, y lentamente se va acumulando en las venas hasta paralizar todo esfuerzo y todo acto útil, hasta que el corazón y el cerebro se ven afectados y no pueden expulsarlos. Los pensamientos de miedo forman la base de la mayoría de los fracasos y de los «derrumbes en la vida». Mientras el hombre mantenga su confianza en sí mismo será capaz de ponerse en pie tras cada caída y de afrontar al enemigo con resolución, pero en cuanto el pensamiento de miedo le afecte y no sea capaz de arrojarlo fuera, no conseguirá levantarse y perecerá en la desgracia. Se ha dicho muchas veces «no debes temer a nada, salvo al miedo». He hablado en otro lugar acerca de la Ley de la Atracción, que funciona atrayendo hacia nosotros aquello que deseamos. Pero esto tiene una faceta inversa, pues esta es una ley que funciona en ambos sentidos. El miedo pone en movimiento a la Ley de la Atracción tanto como el deseo. Al igual que el deseo atrae hacia nosotros las cosas cuya imagen creamos en nuestra mente, atrae también aquello que nuestro miedo dibuja igualmente en la mente. «Me ha ocurrido lo que más temía». La razón es muy sencilla y la aparente contradicción se desvanece si examinamos el asunto. ¿Cuál es el patrón sobre el que la Ley de la Atracción construye con la fuerza del deseo? La imagen mental, por supuesto. Y lo mismo ocurre en el caso del miedo: la persona confecciona la imagen mental de la cosa temida, y la Ley de la Atracción se la atrae al igual que le trae la cosa deseada. ¿Pensaste alguna vez que el miedo es el polo negativo del deseo? La ley que funciona en ambos casos es la misma.

Así, evita los pensamientos de miedo como un veneno que sabes que convertirá tu sangre en algo negro y espeso y que hará que tu respiración sea costosa y difícil. Es algo vil, y no debes descansar hasta desterrarlo de tu sistema mental. Puedes librarte de él a través del deseo y de la voluntad, al tiempo que mantienes una imagen mental de valentía y tranquilidad. Se ha dicho que «el mayor mal es el miedo», así que manda ese mal al lugar que le corresponde, pues si tú lo acoges con hospitalidad, convertirá tu cielo en un infierno a fin de sentirse a gusto. Con él usa el garrote mental.

Magnetismo personal

Actualmente se habla mucho del magnetismo personal. Se trata de una cualidad de la mente individual que sirve para llevar a otras personas a un humor o a un estado mental en simpatía con el de la persona magnética. Algunos han logrado desarrollar esa cualidad hasta un extremo asombroso. Son capaces de conseguir un acuerdo armónico por parte de los demás en un tiempo muy breve, mientras otros son totalmente deficientes al respecto y su simple presencia tiende a estimular el antagonismo en las mentes de los otros. La mayoría de la gente acepta sin cuestionarse la idea del magnetismo personal, pero pocos se pondrían de acuerdo en una teoría que trate de explicarlo. Quienes han estudiado el asunto cuidadosamente saben que todo depende del estado mental del individuo, y de su capacidad para hacer que otros «capten» sus vibraciones mentales. Ese «captar» es causado por lo que se conoce como inducción mental. Como sabes, la inducción es «la propiedad, cualidad o proceso por el cual un cuerpo con polaridad eléctrica o magnética la produce en otro sin contacto directo con él». La inducción mental es la manifestación de un fenómeno similar pero en el plano mental. Los estados mentales de las personas son «contagiosos» y si uno infunde suficiente vida y entusiasmo en sus estados mentales, estos afectarán a las mentes de las personas con quienes entre en contacto. Hemos explicado esto con detalle en el librito de esta serie titulado «influencia mental». El primer factor para lograr una inducción mental exitosa o la manifestación del magnetismo personal es el entusiasmo. En otro capítulo he hablado acerca del entusiasmo y al tratar del magnetismo personal sería bueno que leyeras lo que anteriormente se ha dicho acerca del entusiasmo. El entusiasmo da seriedad a la persona y no hay estado mental tan efectivo como la seriedad. La seriedad te hace sentir fuerte y hará que los demás te presten atención aunque no quieran. Walter Moody, conocido escritor sobre el tema de las ventas, dice con razón: «Se sabe que todos aquellos que poseen magnetismo personal tienen también seriedad. Su intensa seriedad es magnética». Cualquier estudiante de este tema ha comprobado este hecho. Pero esa seriedad es algo más que una sincera, firme y confiada creencia en el asunto que presentas a la atención de la otra persona. Debe ser una seriedad viva y contagiosa y la palabra que mejor la describe es entusiasmo. Seriedad entusiasta, sería la expresión adecuada. Esta seriedad entusiasta contiene en ella mucha emoción y atrae al lado emocional de la naturaleza humana más que a su parte razonadora y pensante. Sin embargo, una discusión basada en la razón y llevada a cabo sobre principios lógicos puede presentarse también con seriedad entusiasta, con lo cual logrará un efecto infinitamente mayor que si se lleva a cabo apelando al juicio de la otra persona de una forma fría y sin emoción. El ser humano está constituido mentalmente de tal forma que toda manifestación de un entusiasmo vivo en forma de magnetismo personal rompe fácilmente el hielo. El lado «sintiente» de la mente es tan importante como el lado «pensante» y es mucho más universal, pues la mayoría de la gente realmente piensa muy poco, mientras que todo el mundo «siente».

Decía un famoso autor: «Todos nosotros emitimos una esfera, un aura o halo impregnado con nuestra esencia. Los videntes y las personas sensibles lo saben, al igual que nuestros perros y otros animales. También el león o el tigre hambrientos, incluso las moscas, serpientes e insectos, como sabemos a pesar nuestro. Algunos de nosotros somos magnéticos, otros no. Algunos somos calurosos, atractivos, inspiramos amistad y amor, mientras otros son fríos, intelectuales, razonadores y pensantes, pero no magnéticos. Si un hombre de este último tipo habla en público su discurso intelectual pronto aburrirá a la audiencia, la cual comenzará a manifestar síntomas de sueño. Les hablará a ellos, pero no a su interior. Tal vez les hará pensar, pero no sentir, lo cual es agotador para la mayoría de las personas. Son muy pocos lo conferenciantes que tienen éxito en lograr que la gente piense. Lo que la gente desea es que se le haga sentir. Pagarán gustosos a quien les haga sentir o reír, mientras que regatearán un céntimo para pagar una charla que les haga pensar. Si en lugar de la instruida persona que hemos mencionado ponemos a alguien con mucha menos ciencia pero amable, maduro y suave, con menos de la mitad de la lógica y la erudición que el anterior, veremos como este hombre lleva a la multitud por donde él quiera con toda facilidad, todos estarán totalmente despiertos, valorando y agradeciendo cada palabra que salga de sus labios. Los motivos son claros. Es el corazón en lugar de la cabeza. El alma en lugar de la lógica. Y siempre será el mismo quien gane.

Veréis que todo hombre y mujer que son considerados muy «magnéticos», casi invariablemente son gente que posee lo que llamamos alma, es decir, que manifiestan e inducen en los demás «sentimientos o emociones». Manifiestan rasgos de carácter y naturaleza similares a los de los actores y actrices. Muestran una parte de sí mismos, lo cual parece afectar a quienes entran en contacto con ellos. Si te fijas en un actor carente de magnetismo verás que aunque recite perfectamente su papel, haga todos los gestos adecuados y domine toda la técnica del arte, siempre le faltará «algo» y ese algo será la habilidad para comunicar «sentimientos». Quienes conocen el secreto se dan cuenta de que los actores de éxito que parecen arder con pasión, sentimiento y emoción sobre el escenario, realmente sienten muy poco de esas cualidades mientras actúan, en realidad son como fonógrafos, que emiten sonidos previamente registrados en ellos. Pero si investigamos más profundamente, veremos que al estudiar sus papeles y practicar en privado, estos actoress inducen y estimulan la emoción requerida para el papel y la mantienen con firmeza en sus mentes, acompañándola de los gestos apropiados, hasta que finalmente «se establece» y se imprime en las tablillas de su mente al igual que los registros de un fonógrafo son impresos sobre la cera. Luego, cuando interpretan su papel la apariencia externa de los sentimientos, las emociones, los gestos, el énfasis, etc. impresionan al auditorio. Se dice que si un actor se deja llevar a sí mismo por el papel de forma que lo sienta en su interior, el resultado no será bueno, pues al ser vencido por el sentimiento el efecto del mismo repercute en él, en lugar de afectar al público. El mejor resultado se obtiene cuando uno ha experimentado y sentido primeramente la emoción y luego la reproduce hacia el exterior sin permitir que lo controle.

Menciono estos hechos para aquellos que no poseen naturalmente la facultad del magnetismo personal en grado necesario. Estas personas verán que les interesa trabajar el sentimiento deseado con seriedad entusiasta en privado, gravando la impresión mental a través de ensayos y practicas repetidas hasta que logren registrarlo en su «hábito mental» para reproducirlo posteriormente cuando la ocasión lo precise.

Mi consejo en estos casos es ser un buen actor y recordar que la práctica y el ensayo frecuente es lo que hace al buen actor. Es mucho mejor ser capaz de inducir sentimiento y entusiasmo de esta forma que no ser capaz de hacerlo en absoluto. Se puede ser entusiasta racional sin caer en una emotividad sensiblera. Pienso que el estudiante cuidadoso verá lo que quiero decir aquí y no me malinterpretará. Recuerda que mediante esa «actuación repetida» la cualidad deseada se convertirá en real y «natural».

Una personalidad atractiva

En el capítulo en el que hablábamos de la singularidad decíamos que lo que conocemos como «personalidad» no es el yo real del individuo, sino que ésta forma la apariencia externa, una especie de «yo» secundario. Como dije, la palabra personalidad realmente significa «máscara», es decir, la apariencia externa del individuo representando su papel en el gran drama de la vida. Y al igual que el actor puede cambiar su máscara y sus vestidos, igual puede el individuo alterar y cambiar su personalidad, si halla otras características más deseables.

Sin embargo, aunque la personalidad no es el yo real, juega un papel importante en el drama de la vida, especialmente porque el auditorio se fija más en la personalidad de lo que lo hace en el individuo real que se oculta tras la máscara. Por ello es adecuado que el individuo cultive y adquiera una personalidad que resulte atractiva a su auditorio y que lo convierta en aceptable para ellos. No, no estoy predicando el engaño. Consideramos que la individualidad o singularidad es el ser verdadero y creemos que la persona debe desarrollarse a sí misma lo máximo que pueda siguiendo las leyes del desarrollo individual, sin embargo mientras debamos llevar una personalidad en esta vida, creemos que no sólo le interesa, sino que además tiene la obligación de hacer que esa personalidad sea tan agradable y atractiva como él pueda lograr. Ya sabes que independientemente de lo bueno, inteligente y elevado que un hombre pueda ser, si lleva la máscara de una personalidad desagradable o poco atractiva, se estará situando a sí mismo en desventaja y ahuyentará a personas que podrían beneficiarlo y que estarían encantadas de amarlo si pudieran verlo detrás de su fea máscara.

Al hablar de máscaras desagradables o poco atractivas tampoco estamos hablando de la apariencia física de la persona. Aunque es cierto que el aspecto físico en algunos casos tiene mucho que ver, hay un encanto en la personalidad que trasciende con mucho la apariencia física. Hay muchas personas con rostros y formas bellas cuya personalidad dista mucho de ser atractiva, y que en lugar de atraer repelen. Y hay otros cuyos rostros distan mucho de ser perfectos pero sin embargo hay algo en ellos que atrae a los demás. Hay personas que siempre nos alegramos de ver y cuyo encanto nos hace olvidar que no son hermosas, de hecho, incluso sus poco armónicos rostros parecen transfigurarse cuando estamos en su presencia. Eso es lo que me refiero al hablar de la personalidad. El sentido en el que estoy utilizando este término, como veis, tiene una estrecha relación con el «magnetismo personal», del que hablábamos en el capítulo anterior.

Una de las primeras cosas que debería cultivar quien desee desarrollar el encanto de su personalidad es una atmósfera mental de alegría. No hay nada tan estimulante como la presencia de una persona alegre y nada tan deprimente como uno de esos vampiros humanos que generan un escalofrío en todo aquel con quien entran en contacto. Piensa en tus conocidos y verás que automáticamente los catalogas en dos tipos: los alegres y los depresivos. Juan Alegre siempre es preferido a Paco Depre. Al primero se le da siempre la bienvenida, mientras que del otro se huye. Los japoneses entienden perfectamente esta ley de la personalidad y una de las primeras cosas que enseñan a los niños es mantener un exterior alegre, independientemente de que su corazón esté destrozado. Ellos consideran que una de las mayores muestras de mala educación es mostrar a los demás sus penas, su tristeza y su dolor. Esta faceta la reservan para la privacidad de sus recámaras. Mientras al mundo exterior le presentan siempre una sonrisa feliz y luminosa. En esto son muy sabios por varias razones: 1. Al actuar así inducen en sí mismos una actitud mental más alegre y positiva; 2. Atraen personas y cosas alegres gracias a la Ley de la Atracción; y 3. De este modo presentan a los demás una personalidad atractiva, con lo cual son aceptados por los demás, ya se trate de amistades como de compañeros de trabajo. Los tristes suelen resultar poco atractivos y se les evita como a la peste. Todos tenemos ya bastantes problemas sin tener que cargar con los de los demás.

Recuerda este antiguo dicho:

Ríe y el mundo reirá contigo,
Llora y llorarás solo.
Pues esta vieja tierra necesita alegría
Ya tiene suficientes penas.

Así que cultiva la sonrisa, es un valioso bien de la personalidad. No la mueca forzada y falsa, sino una sonrisa que signifique algo, algo real. Esa sonrisa debe venir del interior. No es algo superficial. Si necesitas un patrón verbal sobre el que modelar el estado mental que produzca esa apariencia externa de la personalidad, puedes usar este: «Brillante, Alegre y Feliz». Enmárcalo y cuélgalo en un lugar importante de tu galería mental. Comprométete a memorizarlo y visualizarlo a fin de que seas capaz de verlo ante ti como un cartel iluminado: «Brillante, Alegre y Feliz», luego trata de materializar esta idea en la realidad dentro de tu mente. Piensa en ella y actúala. Pronto verás que para ti ya es real. Entonces tendrás ya algo que valga la pena en tu personalidad. Tal vez todo esto te parezca pueril, pero si trabajas en ello pronto verás que tiene un valor incalculable, independientemente del camino que sigas en la vida.

Otro punto a tener muy en cuenta en relación con la personalidad es la autoestima. Si tienes verdadera autoestima esto se manifestará en tu comportamiento exterior, así como también en tu aspecto. Si no la tienes, deberás comenzar a cultivar una apariencia de autoestima y luego recordar que eres un HOMBRE o una MUJER y no un pobre gusano que se arrastra sobre el polvo. Enfréntate al mundo firmemente y sin miedo, manteniendo tus ojos hacia el frente. ¡Levanta la cabeza! Para enfrentarse al mundo no hay nada como una columna recta y una cabeza levantada. Quien mantiene la cabeza inclinada parece pedir perdón por vivir y estar en la tierra y el mundo sin duda captará esa impresión. Una cabeza erecta permitirá traspasar sin problemas los dragones que custodian la puerta del éxito. Un conocido escritor da el siguiente consejo sobre esto: «Mantén los lóbulos de tus orejas directamente sobre tus hombros, de forma que una plomada colgando desde ellas describa la línea de tu cuerpo. Asegúrate de no llevar la cabeza inclinada ni a la izquierda ni a la derecha, sino vertical. Muchos cometen este error, especialmente mientras esperan que un cliente termine lo que está haciendo antes de atenderlos, soliendo inclinar la cabeza hacia un lado u otro. Esto es un signo de debilidad. Numerosos estudios muestran el hecho de que las personas fuertes nunca inclinan la cabeza. Su cabeza permanece perfectamente recta sobre su fuerte cuello. Los hombros, relajados pero firmes, inspiran fuerza y equilibrio. En otras palabras, todas las líneas de su cuerpo indican el pensamiento de su dueño». El valor de este consejo reside no solo en el hecho de que te da la «apariencia» de autoestima, sino también en que tiende a cultivar el estado mental correspondiente en tu interior. Pues al igual que el pensamiento se convierte en actos, del mismo modo los actos generan estados mentales, es una regla que funciona en ambos sentidos. Así, procura tener autoestima y actuar con autoestima. Deja que el «YO SOY» que hay en tu interior se manifieste. No te arrastres, pues eres un verdadero ser humano. Otro aspecto de la personalidad que vale la pena cultivar es el arte de interesarse en los demás. Muchos pasan por el mundo tan embebidos en sus propios asuntos que da la impresión de que están separados de los demás con quienes tienen contacto. Este estado mental manifiesta una forma muy desagradable de personalidad. Tales personas no sólo son consideradas como frías y sin corazón ni alma, sino que también dan una impresión de dureza y egoísmo. Los demás se sentirán inclinados a apartarse de ellas, dejándolas con sus modales y su estado mental egoísta. Una persona así nunca es popular, nunca es estimada por los demás. Interesarse en los demás es un arte que resulta muy rentable cultivar al estudiante del éxito. Por supuesto, uno debe siempre mantener frente a él lo más importante, y no permitir que sus propios intereses salgan perjudicados debido al interés que muestra en los intereses de los demás, esto no hace falta decirlo, pues todo altruismo irracional no es más que otra faceta del egoísmo. Pero hay un punto de equilibrio. En todos aquellos con quienes entres en contacto hallarás un punto de interés y si enfocas tu atención en ese interés éste se manifestará de tal modo que la persona será consciente de ello, lo apreciará y responderá con alegría interesándose a su vez en ti. No hay en esto engaño alguno, ni servidumbre, ni hipocresía, se trata simplemente de la Ley de la Compensación funcionando en el plano mental, das lo mismo que recibes. Si te detienes y piensas durante un momento, hallarás que las personas cuya personalidad encuentras muy atractiva son precisamente aquellas que parecen interesarse en tu propia personalidad.

Ese interesarse en los demás se manifiesta de muchas maneras, una de ellas es aprender a escucharlos.

Ello no significa convertirte en receptor de todas las charlas de todos aquellos con quienes entres en contacto, en este caso no tendrías tiempo para nada más. Aquí también deberás hacer uso del juicio y del tacto a fin de regular el tiempo que concedes a los demás, dependiendo de la persona y de las circunstancias particulares del caso. Lo que quiero decir es que cuando escuches a otro debes escuchar bien. No hay cumplido más sutil que escuchar atentamente a la otra persona. Escuchar debidamente es escuchar con interés y esto es algo que no puede ser enseñado en un libro. Tal vez la mejor manera de expresarlo es decir: «Escucha como a ti te gustaría que te escucharan». Esta regla de oro puede aplicarse a muchas situaciones y a muchas ideas, y siempre genera buenos resultados. El hombre que sabe escuchar se gana el respeto de aquellos a los que escucha. Esto me recuerda siempre la vieja historia de Carlyle, quien como todos saben, tenía fama de ser un viejo brusco y mal hablado, siempre inclinado a emitir observaciones sarcásticas y a tratar rudamente a todos aquellos que conversaban con él. Dice la historia que una vez entabló conversación con un hombre que dominaba el arte de escuchar. Dicha persona llevó la conversación al tema que él sabía gustaba a Carlyle, y permaneció tranquilo escuchándolo con atención. Carlyle estuvo hablando durante varias horas entusiasmado con el tema. Cuando finalmente el visitante se levantó para marcharse, tuvo que forcejear para separarse de Carlyle, quien siguiéndolo hasta la puerta manifestó un entusiasmo y un buen humor poco frecuente en él. Despidiéndolo le dijo con simpatía: «ven pronto otra vez a verme, quiero que vengas con frecuencia, pues tienes una mente realmente brillante y he disfrutado mucho tu conversación. Tienes una conversación muy amena».

Ten cuidado de no aburrir a otros con tus experiencias personales. Más vale que al hablar con los demás te olvides de tus asuntos personales, salvo cuando sea adecuado sacarlos a relucir. Los demás no quieren oír lo maravilloso que tú eres, sino que desean hacerte ver lo maravillosos que ellos son, puesto esto les resulta mucho más agradable. No critiques a tus enemigos ni recites tus buenas cualidades. No cuentes lo maravillosos que son tus hijos, los demás tienen ya los suyos propios. Trata de hablar de asuntos que interesen a la otra persona. Olvídate de ti mismo e interésate en el otro. Los mejores comerciantes graban en sus vendedores lo beneficioso que resulta dar al cliente la impresión de que «estás de su lado», incluso de que «estás al otro lado del mostrador», es decir, que tienes un interés especial en asegurarte de que el cliente sea adecuadamente servido, de que es tratado bien y de que queda satisfecho. El vendedor que es capaz de crear esta impresión está ya muy avanzado en el camino hacia el éxito. Todo esto es algo difícil de describir, pero un poco de observación, de reflexión y de práctica sobre lo indicado en los capítulos anteriores te ayudará mucho en este sentido. Sobre este tema dice un conocido autor: «Supón, por ejemplo, que siendo comerciante profesional, deseas aumentar tu negocio. Ya sea que vendas bienes o servicios, considerar el asunto como una mera y fría transacción, recibiendo el dinero del cliente y dándole el objeto de la compra, dejando que se vaya con la sensación de que no tienes ningún interés en él más allá de obtener un beneficio, a la larga te perjudicará. Salvo que el cliente sienta que realmente te interesas en él y en sus necesidades, y que sinceramente deseas mejorar su bienestar, la transacción será un fracaso y el negocio retrocederá. Si eres capaz de hacer que los clientes sientan que realmente tratas de proteger sus intereses tanto como los tuyos, tu negocio crecerá. Y ello lo lograrás sin que sea necesario dar descuentos ni regalos. Se trata simplemente de que toda transacción, por pequeña que sea, la impregnes de vida y de interés». Este autor plasmó la idea con claridad y harías bien en seguir su consejo y ponerlo en práctica.

Otro aspecto muy importante de la personalidad es el autocontrol, especialmente en lo que respecta a controlar tu carácter. La ira es signo de debilidad, no de fuerza. Aquél que pierde la compostura, automáticamente se coloca en desventaja. Recuerda el viejo dicho:

«Si los dioses desean destruir a alguien, lo hacen iracundo». Bajo la influencia de la ira el hombre hace todo tipo de locuras que posteriormente lamenta. Arroja su juicio, su experiencia y su prudencia a la basura, actuando como un loco. De hecho, la ira es una especie de locura. Si tienes duda al respecto, observa cuidadosamente el rostro de la primera persona iracunda que te encuentras y verás lo irracional que parece y la locura con que actúa. Es bien sabido que quien se mantiene sereno mientras su oponente se encoleriza tiene ya todo a su favor. Es buena política permitir que el otro «saque los pies del tiesto» y se entregue a la ira, esforzándote en mantenerte tú sereno. Comparativamente es fácil tranquilizar a una persona colérica sin que se enoje contigo, pues para que haya una pelea hacen falta al menos dos. Verás que el hecho de controlar tu expresión y tu aspecto te confiere control sobre tu estado mental interno. Verás que si eres capaz de controlar tu voz, manteniéndola tranquila, serena y baja, no te dejarás arrastrar por la pasión e incluso notarás que al hacerlo también la voz del otro gradualmente se tranquiliza, abandonando el tono elevado y amenazador. Al final los dos estaréis hablando en el mismo tono, siendo tú quien ha marcado la pauta. Vale la pena recordar esto, ese control de la voz es un secreto que merece ser conocido y practicado.

Y ya que estamos hablando de la voz, me gustaría llamar tu atención sobre un control vocal más profundo, o mejor dicho, sobre cómo cultivar la voz. El hombre que posee una voz bien controlada, uniforme y agradable, aunque posea habilidades semejantes a los demás siempre tendrá ventaja. El valor de una voz suave, flexible y vibrante es enorme. Si posees una voz así, eres afortunado. Si no la posees, ¿por qué no comenzar a cultivarla? ¡Por supuesto que puedes! El caso del famoso conferenciante y locutor Nathan Sheppard es muy conocido. Estas son sus palabras: «Cuando decidí dedicarme a hablar en público, mis maestros me pronosticaron que fracasaría. Mi pronunciación era mala y mis órganos vocales inadecuados. Para mí fueron palabras dolorosas y crueles, nunca las olvidaré, sin embargo estimularon en mí una decisión y un empeño que sin ellas nunca habría tenido. No es que haya logrado nada extraordinario, no presumo de ello, pero he logrado ganarme la vida hablando en público y ya llevo en ello más de veinte años. No presumo de haber vencido todos los obstáculos y haberme recuperado de todas las frustraciones, pero sí he cultivado mi instinto vocal, he trabajado las carencias y la retórica, me he esforzado por adecuar mi voz a mis sentimientos y dar lo mejor de mí». Tras estas palabras cualquier cosa que añada sobre la posibilidad de mejorar la voz o la voluntad y la práctica sería superflua. Tienes que elegir el tipo de voz que creas más adecuada para tu trabajo y luego cultivarla con práctica, decisión y voluntad. Si el señor Sheppard pudo convertirse en un locutor famoso con todos los obstáculos que tuvo que superar, tú también puedes.

Se me sugiere que diga también algunas palabras en relación con el cuerpo físico como una parte importante de la personalidad, especialmente en lo que se refiere al andar. Pero no creo que sea necesario añadir lo que ya hemos dicho con relación a ese tema, especialmente en lo que se refiere a la autoestima. Lo principal es cultivar un estado mental de autoestima y respeto por sí mismo y el resto seguirá como una consecuencia natural. El pensamiento se convierte en acción y aquél que posee autoestima sin duda plasmará ese estado interno en cualquier acto físico, gesto o emoción. Y la tendrá tanto internamente como en el exterior. Por supuesto, debemos ser cuidadosos con nuestro aspecto externo, especialmente en lo que se refiere a la limpieza y al vestir. Debemos procurar que tanto el cuerpo como nuestras ropas estén limpias. Ir bien vestido no significa ir siempre de etiqueta, de hecho aquellos que visten bien suelen hacerlo con gran sencillez. Cultiva un gusto tranquilo y refinado, sin aspavientos ni espectacularidad. Lo más importante es siempre la limpieza.

Resumiendo, quiero resaltar que lo que llamamos personalidad no es más que una máscara externa del individuo interior. Esa máscara puede ser cambiada mediante un esfuerzo de la voluntad junto con un buen juicio e inteligencia. Primero deberás hallar qué tipo de personalidad te conviene y luego ponerte manos a la obra para cultivarla. Forma una imagen mental de lo que deseas ser, luego piensa en ello y deséalo ardientemente, después actúa en ese sentido, una vez y otra, ensayo tras ensayo, hasta que realmente materialices tu ideal en la realidad objetiva. Crea un buen molde o patrón mental y luego vierte en él tu material con asiduidad, pero lentamente. De ese molde saldrá el carácter y la personalidad que deseas y necesitas. Luego deberás pulir esa recién nacida personalidad hasta que irradie con el brillo de la cultura.

Puedes ser lo que deseas ser, siempre que lo desees con suficiente fuerza. El deseo es la madre de la realización. Recuerda una vez más la vieja norma: desear seriamente, esperar con confianza y actuar con resolución. Estos son los tres pasos que llevan al logro. Ahora que te he dado este pequeño secreto del éxito, utilízalo. Ya todo depende de ti. Yo pulsé el botón, tú debes hacer el resto.

Palabras finales

Al leer las páginas anteriores antes de mandarlas a la imprenta, me ha sorprendido el hecho de que, a pesar de mi decisión, expresada en las primeras páginas, de no plasmar un código de normas ni una regla de conducta que pretenda ser considerada como una guía infalible hacia el éxito, a pesar de mi promesa de no actuar como maestro o predicador, me las he arreglado para andar bastante por dicho camino, en lo que se refiere a nombrar aquello que debe hacerse y aquello que debe ser evitado.

Sin embargo, siento que los consejos que he dado son apropiados y que los diversos ejemplos citados estimularán en la mente del lector el espíritu que conduce al éxito. Y con este pensamiento dedico estas páginas a aquellos que las atraigan hacia sí mismos o que sean atraídos por ellas, según la Ley de la Atracción. Pero siento que no habré completado mi tarea salvo que una vez más, recuerde al lector que el éxito no se alcanza siguiendo ciegamente las normas o los consejos ajenos, ya sean los míos o de otras personas. No hay camino hacia el éxito, no hay un patrón que pueda mágicamente transformar a los fracasados en capitanes de la industria o magnates de las finanzas. Pocas cosas son más patéticas, y al mismo tiempo más divertidas, según como uno lo mire, que los abundantes textos y charlas ofrecidos al público acerca del éxito por autodenominados maestros. Es imposible plasmar en unas páginas un método infalible siguiendo el cual el lector pueda alcanzar el éxito que su corazón ansía. La verdad, fría y dura, es que, en lo que se refiere al éxito, cada uno de nosotros debe construir su propio camino. Las normas y los consejos pueden ayudar, y sin duda lo hacen, pero el trabajo real debe realizarlo el propio individuo. Es él quien tiene que esculpir su propio destino y ningún poder, superior o inferior, hará el trabajo por él.

El viejo dicho de «Dios ayuda a quien se ayuda» es verdadero en más de un sentido. Es cierto en el sentido de que la ayuda desde Arriba parece negarse a quien no esté dispuesto a dar lo mejor de sí mismo. Pero es también cierto en otro sentido, dicha ayuda llega a quien pone toda su alma y todo su corazón en el trabajo que tiene ante sí, y que cada día realiza su trabajo lo mejor que puede con esperanza y confiada expectación de que el futuro le depara cosas mucho mejores. El sabio es aquél que recorre con ánimo los pasos que tiene frente a él, poniendo firmemente su pie sobre el suelo con confianza, aunque desde donde está no pueda ver lo que hay más adelante. Con un paso tras otro el camino se va iluminando hasta que finalmente la persona alcanza la meta, mientras que los temerosos, que no dieron el primer paso porque no podían ver más allá, siguen todavía esperando que algo ocurra. Esa espera es mala política, como dijo Gardfield: «No esperes que algo ocurra. Sal y hazlo tú mismo». Inicia la marcha frente a ti con decisión y esperanza y pronto verás aparecer el sendero. Lo que debes hacer es aquello que está ante ti. Hazlo lo mejor que sepas, seguro de que al hacerlo progresarás hacia cosas mejores, hacia aquello que tu corazón anhela. Al ponerte en acción te llegarán nuevas ideas, pues el acto genera inspiración. Ponte en marcha.

En este librito he tratado de llamar tu atención hacia algo de mucha más importancia que un simple código de normas y de consejos generales. Te he señalado el hecho glorioso de que en el interior de cada uno de nosotros hay Algo que debidamente estimulado incrementará enormemente tu fuerza y tu capacidad. Así, he tratado de hablarte acerca de ese Algo Interior. Creo que el estudio del carácter y del trabajo de los hombres de éxito te mostrará que, por diferentes que sean en sus características personales, todos manifiestan tener conciencia de ese Algo Interior, que les confiere seguridad en su poder y su fuerza interna y que a su vez les genera coraje y confianza en sí mismos. Verás que la mayoría de hombres y mujeres de éxito sienten que hay Algo en su interior que les ayuda. Algunos llaman a este Algo «Suerte» o «Destino» o alguna palabra de ese estilo. Pero esto no son más que diversas formas de reconocer ese poder interno que les ayuda aunque no estén seguros de la naturaleza del mismo, de hecho la mayoría no se detiene a especular sobre dicha naturaleza, pues están demasiado ocupados, se conforman con saber que está ahí. Ese Algo Interior, es el verdadero individuo, el «Yo» de cada uno de ellos, la fuente de poder. He escrito este libro con la esperanza de que para muchos sea el primer paso para reconocer, desarrollar y manifestar ese Poder Interior.

Seriamente te exhorto a cultivar esa conciencia del «YO SOY», que te hará ver el poder que tienes en tu interior. Luego, de forma natural te vendrá la consciencia que se expresa a sí misma en la frase: «PUEDO y QUIERO», que es una de las más grandes afirmaciones que el hombre puede realizar. Esa conciencia de «Quiero y Puedo» es la expresión de ese Algo Interior, que confío en que tendrás y manifestarás.

Más allá de todo consejo que te pueda dar, esto es lo más importante del Secreto del Éxito.

Índice